Silvia Fauck / Helga Felbinger

Liebeskummer

Silvia Fauck / Helga Felbinger

# Liebeskummer

Wenn das Herz zu brechen droht

Kreuz

Ich widme dieses Buch
meinen tollen Söhnen Bernhard und Jürgen,
die mir bewiesen haben,
dass man sich auf Männer verlassen kann.
*Helga Felbinger*

Ich widme dieses Buch
meinen wunderbaren Töchtern Trixi und Nina,
die mir mit ihrer Liebe geholfen haben,
den Weg zurück ins Leben zu finden.
*Silvia Fauck*

# Inhalt

*»Wem nie durch Liebe Leid geschah,*
*Dem ward auch Lieb' durch Lieb' nie nah;*
*Leid kommt wohl ohne Lieb' allein,*
*Lieb' kann nicht ohne Leiden sein.«*

Gottfried von Straßburg, Minnesänger, um 1200
Aus »Tristan und Isolde«

# Warum wir dieses Buch schreiben mussten

*»Es gibt keine Zufälle!«* Diese Behauptung wird gerne zitiert, wenn scheinbar belanglose Begebenheiten zu unverhofften Kontakten führen, die dann eine unaufhaltsame Eigendynamik entwickeln.

Genau so ein »Nicht-Zufall« war der Entstehung dieses Buches vorausgegangen: Am 1. September 2005 wurde Silvia Fauck von den Redakteuren des Süddeutschen Rundfunks zwei Stunden lang interviewt. Dabei ging es um Deutschlands erste Liebeskummer-Praxis, die sie ein Dreivierteljahr zuvor nach fünfjähriger Erfahrung als psychologische Beraterin in allgemeinen Lebenskrisen in Hamburg gegründet hatte. Von der 20-jährigen Studentin bis zum erfolgreichen Top-Manager, von der Hausfrau bis zum Politiker reichte die Palette der Hilfesuchenden.

Die versierte Motivationstrainerin mit einem Diplom in Familienpsychologie wusste stets, wovon sie sprach. Nicht nur ihre langjährige Ausbildung und ihre fundierte Praxiserfahrung, sondern auch ganz persönliche schmerzliche Erlebnisse hatten sie zu einer glaubwürdigen Beraterin, Trösterin und Wegweiserin für Klienten mit großem Kummer gemacht.

Bei Freiburg im Breisgau verfolgte ich gebannt jedes Wort dieses Interviews, ging es dabei doch um genau jenes Thema, über das ich mein nächstes Buch plante. Ich wollte Tipps zur Trauerbewältigung nach dem Ende einer Liebe zusammenfassen. Schließlich hatte ich mich als Journalistin und Autorin des im Kreuz Verlag erschienenen Ratgebers »Nimm dir Zeit, nicht gleich den Nächsten« seit langem wieder und wieder mit dem Komplex Liebe, Trennung und Neubeginn beschäftigt.

Noch am gleichen Tag setzte ich mich mit Silvia Fauck in Verbindung. Und schon zwei Tage später saß ich, Mutter zweier erwachsener Söhne, der Beraterin Silvia Fauck, Mutter zweier erwachsener Töchter, zum ersten Mal in der Liebeskummer-Praxis gegenüber. Der häufigste Satz bei dieser ersten Begegnung lautete: *»Das sehe ich genauso.«*

Eine gleiche Wellenlänge zeichnete sich ab.

Eine Freundschaft bahnte sich an.

Die Idee für ein gemeinsames Buch war geboren.

In diesem Buch soll es nicht nur um den Moment gehen, in dem einem die – oft unerwartete – Trennung von einem geliebten Menschen buchstäblich den Boden unter den Füßen wegreißt. Vielmehr soll auch gezeigt werden, wie diese Lebenskrise bewältigt und verarbeitet werden kann, um eines Tages die Grundlage für ein neues, möglichst stabiles Glück zu sein.

Wir sprechen hier nicht von jenem leichten Bedauern, das sich beim Zerbrechen einer zunächst viel versprechenden Beziehung einstellt. Auch die »Liebe« auf dem Pausenhof und die bitteren Tränen entliebter Teenager nach dem ersten heimlichen Kuss sind nicht unser Hauptthema. (Das heißt allerdings nicht, dass der Liebeskummer im Schulalter nicht ernst genommen werden muss. Diesem ganz besonderen Schmerz haben wir ein eigenes Kapitel gewidmet.)

In erster Linie geht es uns um jene Lebenskatastrophe, bei der ein gebrochenes Herz zum seelischen Notfall wird. Ein Notfall, der mindestens genauso intensiv behandelt werden muss, wie eine ernsthafte körperliche Erkrankung.

Einen Herzinfarkt, eine Gallenkolik oder auch nur heftige Zahnschmerzen honorieren Arbeitgeber, Verwandte und Bekannte gemeinhin mit Verständnis und Anteilnahme. Liebeskummer dagegen, bei dem der Betroffene das Gefühl hat, in ein abgrundtiefes schwarzes Loch zu fallen, wird noch immer gerne belächelt und als vorübergehende Entgleisung abqualifiziert – bis zu dem Moment, in dem er einem selbst widerfährt…

Auch der Liebeskummer in einer bestehenden Beziehung soll beleuchtet werden. Wir wollen dazu Entscheidungshilfen anbieten, wann ein Ende mit Schrecken einem Schrecken ohne Ende vorzuziehen ist. Oder wie aus einer kriselnden Beziehung doch wieder eine harmonische Partnerschaft mit Zukunftsaussichten werden kann.

Wir wollen untersuchen, wann Partnerschaften nur noch aus Gewohnheit, aus Bequemlichkeit, aus moralischer Verpflichtung oder Schuldgefühlen weitergeführt werden und welche Alternativen es zu diesem unbefriedigenden Status quo gibt.

Einem Fragebogen über Liebeskummer, den wir an über zweihundert Frauen und Männer aller Altersgruppen verschickt haben, verdanken wir unzählige individuelle Tipps gegen Herzschmerz, die wir an Sie weitergeben möchten.

Neueste Statistiken belegen, dass sich allein in Deutschland die Zahl der psychosomatischen Erkrankungen, denen seelischer Kummer zugrunde liegt, in den vergangenen zehn Jahren verdoppelt hat. Und: Mehr als drei von fünf Menschen, die sich in unserem Land das Leben nehmen, haben den Freitod gewählt, weil sie sich einsam, verlassen oder vom Partner enttäuscht gefühlt haben.

Nicht nur diese Fakten und eigene Erfahrungen, sondern auch zahlreiche Fallbeispiele aus der Liebeskummer-Praxis belegen: Wenn das Herz zu brechen droht, braucht es dringend Hilfe. Und genau die wollen wir mit diesem Buch leisten.

Freiburg, im Herbst 2006 *Helga Felbinger*

*»Ein Jüngling liebte ein Mädchen,*
*Die hat einen andern gewählt,*
*Der andere liebt eine andre*
*Und hat sich mit dieser vermählt.*
*Das Mädchen heiratet aus Ärger*
*den ersten besten Mann,*
*Der ihr in den Weg gelaufen.*
*Der Jüngling ist übel dran.*
*Es ist eine alte Geschichte,*
*Doch bleibt sie immer neu;*
*Und wem sie gerade passieret,*
*Dem bricht es das Herz entzwei.«*

Heinrich Heine, um 1827

# Einleitung
# Liebeskummer ist jedes Mal anders

Die häufigste Frage, die Silvia Fauck in Rundfunk-, Presse- und Fernsehinterviews gestellt wird, lautet: »Was ist die goldene Regel bei Liebeskummer?«

Ihre Antwort: »Eine solche Regel gibt es leider nicht!«

Jeder Mensch ist einzigartig. Jeder Partner und jede Trennung auch. Die beiden Menschen, die auseinander gehen, haben jeweils ihr ganz eigenes, persönliches Vorleben, ihre individuelle Erziehung und ihre unverwechselbaren Erlebnisse. Vielleicht musste bereits eine Scheidung, eine andere schmerzliche Trennung, der Tod eines Partners oder der eines Elternteiles verkraftet werden. Vielleicht sind die Lebensumstände bei der Trennung so schwierig oder so eng mit dem einstigen Partner verknüpft, dass zu dem emotionalen Schock massive Existenzängste kommen.

Das bedeutet: Da die jeweiligen Rahmenbedingungen, die das Zerbrechen einer Liebe begleiten, genauso vielfältig und einzigartig sind wie die Betroffenen selbst, lässt sich der Umgang mit Liebeskummer weder üben noch lernen. Manchmal steckt man zwei oder drei große Enttäuschungen scheinbar mühelos weg, um bei der nächsten in den schwärzesten Abgrund zu stürzen. Das liegt nicht nur an der aktuellen Situation, sondern auch an den jeweiligen Lebensumständen und (Kindheits-)Erfahrungen, die dem Leid zugrunde liegen und durch dieses eventuell erneut aktiviert werden.

So kann jemand beispielsweise das Ende einer langjährigen Ehe scheinbar gerade noch verkraften, um dann beim Zerbrechen der ersten Liebe nach der Scheidung total zu verzweifeln. Hier zeigt sich, dass der erste Verlust noch gar nicht ausreichend betrauert wurde und sich nun mit dem neuen Kummer zu einer wahren Lawine des Leids vermischt.

Aber auch aufkeimende Torschlusspanik kann zum Tragen

kommen, selbst wenn es mitunter lange dauert, bis man sich das eingesteht. Hand aufs Herz: Hat man bei der Trennung oder Scheidung nicht insgeheim gehofft, dass das Leben mit einer zweiten Chance aufwartet? Dass endlich der oder die berühmte Richtige auftaucht und vergangenen Kummer wie eine lästige Fliege verscheucht? Ein, zwei oder vielleicht auch drei Jahrzehnte wurden in der ersten Langzeitbeziehung oder Ehe bereits »verplempert«. Allzu viel Zeit bleibt nicht mehr, um endlich das ganz große Glück zu erhaschen, auf das man glaubt nun ein doppeltes Anrecht zu haben. Und vom »Jetzt aber fix!« bis zur latenten Torschlusspanik ist ein verflixt kurzer Weg.

*Unterschiedliche Erwartungen erzeugen unterschiedlichen Kummer*

Bleiben wir einen Moment bei den unterschiedlichen bzw. einseitigen Erwartungen, die einer Liebe zugrunde liegen können. Die Liste der Wünsche und Hoffnungen, die an eine Partnerschaft geknüpft werden, ist endlos. Deshalb wollen wir uns hier auf die häufigsten beschränken.

- Nur ein Partner will eine Familie mit Kindern, der andere eine lose Beziehung.
- Nur ein Partner wünscht sich eine dauerhafte Bindung, der andere eine Liebe auf Zeit.
- Nur ein Partner erwartet ein sofortiges Zusammenziehen, der andere will seine eigene Wohnung und seine Unabhängigkeit behalten.
- Nur ein Partner träumt von einer gemeinsamen Karriere oder dem Aufbau eines gemeinsamen Geschäftes, während der andere eher an einer gemeinsamen Freizeitgestaltung interessiert ist.
- Nur ein Partner erwartet die klassische Rollenverteilung: Er geht arbeiten, während Sie für Haushalt und Kinder zuständig ist.
- Ein Partner benutzt die Beziehung in erster Linie dazu, einem ungeliebten Elternhaus zu entfliehen.

- Ein Partner sucht in erster Linie guten Sex, der andere Liebe und Geborgenheit.
- Ein Partner erhofft sich von der Beziehung einen Ausgleich der eigenen Charakterdefizite, baut beispielsweise auf das Durchsetzungsvermögen oder die Entscheidungsfreude des anderen, weil ihm selbst diese Dinge schwer fallen.
- Ein Partner wünscht sich für die Kinder aus einer vorausgegangenen Beziehung einen Ersatzvater oder eine Ersatzmutter, während der andere nur an der entsprechenden Frau oder dem entsprechenden Mann ohne Anhang interessiert ist.
- Ein Partner möchte das eigene gesellschaftliche Ansehen durch einen attraktiven oder besonders erfolgreichen Partner aufmöbeln.

Und am allerschlimmsten:

- Ein Partner erhofft sich von der Beziehung das Ende seiner Einsamkeit und seiner depressiven Verstimmung.

Sie sehen es auf einen Blick: Je unterschiedlicher die Vorstellungen sind, die die beiden Partner von einer Beziehung haben, desto größer ist auch das Liebeskummer-Potenzial. Wenn zusammen mit der Liebe der Kinderwunsch, die finanzielle Sicherheit, die gesellschaftliche Stellung oder gar das einstige Familienleben endgültig begraben werden müssen, entsteht ein völlig anderer Liebeskummer als beispielsweise nach dem Ende einer Beziehung, die in erster Linie durch guten Sex und eine tolle gemeinsame Freizeitgestaltung getragen wurde.

Aber auch der Raum, den man dem Partner im eigenen Leben gegeben hat, beeinflusst den Herzschmerz nach der Trennung. Hat man all seine Erwartungen und Zukunftspläne auf einen einzigen Menschen konzentriert, kommt der Verlust einer Katastrophe gleich. Wir alle kennen diesen vorwurfsvollen Satz: »Und dabei habe ich für ihn/für sie alles aufgegeben und sogar die eigene Karriere an den Nagel gehängt.« An diesem »Nagel« hängt meist auch die eigene Persönlichkeit mit all jenem Drum und

Dran, das den Betreffenden früher interessant und attraktiv gemacht hat.

Fassen wir noch einmal zusammen: Liebeskummer ist jedes Mal anders, weil Alter, Geschlecht, Dauer der Beziehung, vorherige Erfahrungen, die jeweiligen Lebensumstände und vor allem die partnerschaftlichen Erwartungen dabei ein entscheidendes Wörtchen mitzureden haben. Eine goldene, sprich allgemein gültige Regel, wie damit umgegangen werden muss, damit er schneller oder glimpflicher verläuft, gibt es nicht. Aber: Wir bieten Ihnen in den folgenden Kapiteln so viele Hilfestellungen, Anregungen und vor allem Fallbeispiele, in denen Sie sich bestimmt wiedererkennen, dass Sie sich den für Sie passenden Fahrplan aus dem Kummer heraus und in eine ausgeglichene Gefühlslage hinein selbst zusammenstellen können.

Um Ihnen den langen Weg aus dem Leid zu erleichtern, haben wir für die einzelnen Kapitel möglichst aussagekräftige Überschriften gewählt, die es Ihnen erlauben, in unserem Buch immer genau die Seiten zu Rate zu ziehen, die zu dem jeweiligen Stand Ihrer Verarbeitung und seelischen Schwerstarbeit passen.

Dabei wünschen wir Ihnen Erfolg und Glück.

Unser Buch, wenngleich von zwei Frauen geschrieben, richtet sich an beide Geschlechter. Wenn wir immer wieder von »dem Partner« sprechen, der gegangen ist, ist damit weder automatisch der Mann gemeint, noch soll der Eindruck einer einseitigen Schuldzuweisung entstehen. Es schreibt und liest sich lediglich einfacher, wenn wir bei dieser Titulierung bleiben.

# Teil 1: Was passiert bei Liebeskummer?

# Warum wir bei Liebeskummer so sehr leiden

»*All you need is love, love is all you need*«, fassten die Beatles das Lebensgefühl einer ganzen Generation zusammen. Alles, was wir brauchen, ist die Liebe. Wenn sie uns verlässt, so können wir daraus logisch folgern, ist alles dahin. Unsere Welt steht Kopf. Und unser Körper spielt verrückt. Die Bandbreite der Symptomatik ist grenzenlos. Es gibt als Reaktion auf die Trennung von einem geliebten Menschen praktisch nichts, was es nicht gibt. Oft sind die Beschwerden so heftig, dass nur noch ein Arzt helfen kann oder gar ein Aufenthalt in der Klinik notwendig wird.

Warum ist das so?

Das Gefühl, vom Partner geliebt und angenommen zu werden, gibt uns das Empfinden, endlich am Ziel unserer am tiefsten greifenden Wünsche angekommen zu sein: Wir fühlen uns vollkommen, als ein Ganzes und erleben unbewusst den seligen und befriedigenden Zustand wieder, den wir als Baby in den Armen der Mutter kennen lernen durften. Da ist es nur logisch, dass wir uns nach einer Trennung von unserem Partner wieder genauso mutterseelenallein vorkommen wie im Kindesalter, als wir den schmerzlichen Loslösungsprozess von der Mutter verkraften mussten.

Doch nicht nur das. Wer verliebt ist, liebt sich selbst. Sieht sich durch die liebende, rosarote Brille des Partners. Wir alle kennen diesen Zustand: Wir stehen in der Warteschlange und lassen jeden vor. Wir sind ja so glücklich. Wir sehen blendend aus, obwohl wir in der letzten Nacht nur zwei Stunden geschlafen haben. Unsere Ausstrahlung ist super. Allein auf dem Weg zur Tankstelle werden wir von zwei Typen angebaggert. Im Moment könnten wir jeden haben.

Wir haben plötzlich Zeit, und die Welt ist auch bei strömendem Regen wunderbar. Selbst die zwölfte rote Ampel regt uns nicht auf. Lächelnd winken wir die anderen durch. Jedes Problem ist lösbar. Unser Selbstwertgefühl öffnet uns alle Türen. Wir sind leicht, beschwingt, belastbar und schön. Wir werden geliebt und spiegeln uns in den Augen unserer Mitmenschen. Alle mögen uns. Jeder lädt uns ein. Unsere strahlende Laune ist richtig ansteckend. Niemand kann uns böse sein. Selig schweben wir im siebten Himmel der Liebe.

Und dann kommt die Kehrtwende, das Unglück. Plötzlich klappt gar nichts mehr. Alles, was die Liebe aufgebaut hat, macht sie kaputt, wenn sie geht. Wir sehen furchtbar aus und haben die Ausstrahlung eines müden Sofakissens. Niemand dreht sich nach uns um. Im Job läuft alles schief. Bei der kleinsten Kritik heulen wir los. Jede noch so gut gemeinte Bemerkung nehmen wir persönlich und übel. Jede rote Ampel ist eine direkte Strafe. Die Welt hat sich gegen uns verschworen. Unser Vertrauen in uns selbst und in andere ist dahin, unser Selbstbewusstsein auf den Tiefpunkt gesunken.

Das bleibt nicht ohne Folgen:

So einfache Dinge wie Essen, Trinken und Schlafen funktionieren nicht mehr. Es entsteht ein Teufelskreis. Weil wir keine Ruhe finden und kaum Nahrung zu uns nehmen, können wir uns nicht mehr konzentrieren und kriegen nichts auf die Reihe. Die kleinste Aufgabe wird uns zu viel. Alles schieben wir vor uns her. Bis dieser Berg unerledigter Dinge eine Eigendynamik entwickelt und zu einer zusätzlichen Belastung wird. Längst halten wir uns für den größten Versager aller Zeiten. Das letzte bisschen Halt und Würde ist uns genommen.

Gängige Hilfs- oder Hausmittelchen helfen uns nicht aus diesem desolaten Zustand heraus. Es gibt keine Pillen, die uns wieder ins Gleichgewicht bringen oder den rebellierenden Magen dauerhaft beruhigen. Oft stellt sich eine handfeste Depression mit all ihren Begleiterscheinungen ein, die auf gutes Zureden ganz und gar nicht reagiert, sondern in fachärztliche Behandlung gehört.

Und über alldem schwebt die quälende Frage: Warum ist er

oder sie gegangen? Was habe ich falsch gemacht? Wie hätte ich die Trennung oder den Seitensprung verhindern können? Nicht selten stellen wir in dieser Phase der Bodenlosigkeit auch noch die aberwitzigsten Pläne auf, wie wir ihn oder sie zurückerobern oder das Geschehene ungeschehen machen können. Der Druck hat sein Maximum erreicht.

## So dramatisch verlief Silvias Trennung

Wir haben lange gezögert und noch länger diskutiert, ob wir Silvias sehr persönlichen Bericht über ihre Verzweiflung, als ihre große Liebe von einer Minute zur anderen per Fax beendet wurde, mit unseren Lesern teilen sollen. Dass wir uns dafür entschieden haben, hat mehrere Gründe: Wir wollen belegen, dass wir wissen, wovon wir sprechen. Wir wollen zeigen, dass aus einer solchen Lebenskrise ein neuer Anfang entstehen kann. Und wir wollen Ihnen vermitteln, dass Sie weder alleine noch »ver-rückt« sind, wenn Sie das Ende einer großen Liebe zumindest eine Zeit lang als die größte Katastrophe Ihres Lebens empfinden.

Silvia: *»Der Liebeskummer traf mich völlig unvorbereitet – nach einer langen Beziehung mit meiner großen Liebe. Von einer Sekunde zur anderen brach mein Leben zusammen. Nichts war mehr wie vor dem Fax, in dem stand: ›Ich möchte keine Verantwortung übernehmen. Ich bin beziehungsgestört.‹ Der wahre Grund war – wie hätte es anders sein können – eine andere Frau, was natürlich bestritten wurde.*

*Mein Alptraum begann. Mein Herz brannte in meinem Körper. Dieser Schmerz war unendlich grausam. Ich konnte nicht schlafen, nicht essen und verlor extrem an Gewicht. Mein Gehirn drehte sich permanent. Das Atmen fiel mir schwer. Es folgten Angstzustände, Panikattacken, Herzbeschwerden und eine handfeste Depression. Schließlich musste meine Galle entfernt werden. Es hatten sich Gallensteine gebildet.*

*Ich fühlte mich wie in der Mitte durchgebrochen. Die ersten fünf Monate habe ich nur geweint. Erst nach drei Monaten war ich zum ersten Mal in der Lage, in meinem (unserem) Bett zu schlafen. Bis dahin zog ich die Couch im Wohnzimmer vor. Die Küche benutzte ich kaum noch. Auf der Terrasse vertrockneten die Pflanzen. Musik zu hören oder ein Buch zu lesen war mir unmöglich. Arbeiten war ausgeschlossen. Ich war total verzweifelt.*

*Mein Zuhause hatte sich einfach aufgelöst. Ich fühlte mich heimatlos. Wochenenden und Feiertage wurden zu meinem Feind. Allen voran Silvester.*

*Er hatte mir alles genommen: meine Liebe, mein Vertrauen, mein Glück, meinen Sex, mein Lachen, meine Lebensfreude, mein Zuhause. Ich war ein Nichts, einsam und alleine, das am liebsten unter den Teppich gekrochen wäre. Jede Minute wurde zur Ewigkeit. Es gab nur noch Trauer und Schmerz und leider nie das Gefühl einer heilsamen Wut. Mein erster und mein letzter Gedanke galten meiner großen, verflossenen Liebe. Tag und Nacht. Und immer bohrte in mir die Frage nach dem Warum.*

*Der Versuch, in den Urlaub zu fahren, scheiterte, denn ich hatte meinen Kummer im Gepäck. Ich brach die Reise nach drei Tagen ab. Besonders niederschmetternd waren die Berichte ›guter Freunde‹: ›Ich habe ihn mit ihr gesehen. Sie hat ständig seine Hand gestreichelt.‹ Und dabei trug er jenes Hemd, das ich ihm in unserem letzten gemeinsamen Urlaub geschenkt hatte. Bis ins Herz traf mich sein Satz: ›An der Neuen liebe ich so sehr, dass sie finanziell und emotional unabhängig ist.‹*

*Die Nackenschläge nahmen kein Ende. Natürlich machte er auch auf ›unserer‹ Insel mit ihr Urlaub. Und wieder fiel ich tiefer und tiefer.*

*Mein Büro wurde zu meinem einzigen Lebensinhalt. Dort habe ich gelebt, gearbeitet und vor dem PC gegessen. Danach ging ich Schlafen – bis die Morgendepression wieder vor meinem Bett auf mein Aufwachen wartete. Dieser Zustand hielt über zwei Jahre an.*

*Dieser Mann hat meine grenzenlose Liebe und mein Vertrauen mit Füßen getreten. Dass ich es nicht gemerkt habe, hat mir mein ganzes Selbstvertrauen genommen.*

*Nur der Liebe meiner Töchter verdanke ich, dass ich den Weg zurück ins Leben gefunden habe.*

*Im Rückblick kann ich behaupten, dass ich keinen dieser einsamen und unglücklichen Momente gebraucht hätte, um bewusster oder gar dankbarer zu leben. Aber: Vor lauter Kummer hatte ich völlig übersehen, was ich in dieser schlimmen Zeit aufgebaut habe und was ich trotz des großen Unglücks fähig war zu leisten!*

*Meine Kinder standen mir uneingeschränkt zur Seite, mein Freundeskreis hat sich vergrößert. Ich habe meine Praxis weiter aufgebaut und neben der Arbeit als Coach eine Liebeskummer-Praxis gegründet.*

*Heute bin ich in der Lage, wieder frei lachen zu können. Eine neue Wohnung musste her, die ich neu eingerichtet habe. Ich habe mir bewiesen, dass ich alleine in der Lage bin, mich zu finanzieren, und zu meiner Lebensaufgabe wurde es, meinen Klienten Mut und Kraft zu geben. Ich organisiere ein Frauennetzwerk, gebe Seminare und habe mit Helga dieses Buch geschrieben.*

*Die Frage drängt sich auf, ob ich all dieses auch während einer Partnerschaft zustande gebracht hätte – oder habe ich gerade wegen meines ›Dilemmas‹ die Kraft dazu gehabt?*

*Drei Dinge, die ich gelernt habe, liegen mir besonders am Herzen:*

1. *Die Liebe bleibt, auch wenn der Mensch geht.*
   *Sie können verzweifeln, aber nicht zerbrechen.*
2. *Sie können trauern, aber nicht erstarren.*
   *Sie können am Boden liegen, aber nicht am Ende sein.*
3. *Geben Sie niemals auf!!«*

# Der Supergau der Liebe

Schauen wir uns gemeinsam einmal das Schlimmste an, was einem liebenden Menschen passieren kann – und Ihnen vielleicht gerade passiert ist. Vergessen Sie dazu für einen Moment den ganz normalen alltäglichen Frust und all jene Situationen, in denen Sie sich über Ihren Partner oder Ihre Partnerin geärgert haben. Weil Kleinigkeiten zu einem Riesenkrach führten. Weil Sie sich gegenseitig bis aufs Blut genervt haben. Weil im Bett nichts oder nur noch wenig gelaufen ist oder die Eifersucht Sie wieder einmal fest im Griff hatte. Und vergessen Sie die vielen anderen kleinen Enttäuschungen, die Sie in Ihrem Leben bereits verkraften mussten.

Wir sprechen hier vom Supergau der Liebe, der nicht etwa nur im Film oder Fernsehen vorkommt, sondern jeden von uns treffen kann. Und das zu einem Zeitpunkt, zu dem das Opfer meist schon Mitte dreißig oder älter ist und seine Zukunft und Lebensziele auf den Menschen an seiner Seite ausgerichtet hat – durch gemeinsame Kinder, gemeinsame Schulden, ein gemeinsames Haus, ein gemeinsames Geschäft oder auch nur die Vorstellung, gemeinsam alt werden zu wollen.

Sie kennen folgendes Szenario?

Zunächst war es vielleicht nur eine beunruhigende SMS, in der die Rede davon war, dass Ihrem Schatz plötzlich alles »zu eng und zu stressig« sei. Andere kleine Anzeichen, die eigentlich keine Bedeutung hatten, oder? Und dann kommen Sie eines Tages von der Arbeit oder einer Reise nach Hause – und die Wohnung ist leer. Auf dem Küchentisch liegt ein Zettel. Ihre Hand zittert, als Sie ihn aufnehmen. »Ich liebe dich nicht mehr«, lesen Sie und merken dabei, wie Ihre Knie weich werden. »Es ist für uns beide besser, wenn wir uns trennen.«

Die Buchstaben verschwimmen. Später werden Sie sich nicht erinnern können, ob Sie überhaupt weinen konnten oder ob es nur eine Art Stöhnen war. Sie stehen in Ihrer Küche, können nicht mehr denken, nicht mehr fühlen, nicht mehr atmen. Nichts und niemand hat Sie auf diesen Moment vorbereitet. Und vor allem: Sie haben die Anzeichen, dass irgendetwas in Ihrer Partnerschaft nicht mehr stimmt, nicht wirklich wahrgenommen oder vielleicht auch nur nicht wahrhaben wollen.

Das, was jetzt mit Ihnen geschieht, nennen Fachleute eine »Schock-Depression«. Es ist eine ähnliche Reaktion wie die nach einem Autounfall, der sich ja auch nicht ankündigt, sondern einfach passiert.

Von einer Minute zur anderen hat sich Ihr ganzes Leben verändert, und Ihre Seele steht Kopf. Ihr Selbstwertgefühl ist dahin. Das Vertrauen in Ihren Partner oder Ihre Partnerin, aber auch in Sie selbst ist zerstört. Sie zweifeln an Ihren Wahrnehmungen, weil Sie die Veränderung seiner oder ihrer Gefühle oder gar das Auftauchen einer dritten Person in Ihrer Beziehung nicht mitgekriegt haben – oder nicht mitkriegen wollten. Stammt diese dritte Person – wie so oft – auch noch aus dem gemeinsamen Bekanntenkreis, trauen Sie plötzlich keinem mehr.

Irgendwann stehen Sie dann im Supermarkt und sind sicher: »Die Frau da vorne hat bestimmt auch längst mit meinem Partner geschlafen.« Oder: »Mit dem Typen da war meine Partnerin garantiert schon im Bett.« Sie leiden unter dem seelischen Verfolgungswahn, dass alle Sie hintergangen haben. Und fühlen sich auch noch schuldig dabei, weil Sie zu dämlich waren, es rechtzeitig zu merken.

Weil Ihre Liebe trotz des gerade erlebten Schocks ja nicht einfach gestorben ist, sondern hartnäckig weiterlebt, um Sie bis aufs Blut zu peinigen, können Sie sich nicht wehren. Nicht gegen den anderen Partner – und nicht gegen sich selbst. Schlimmer noch: In allem, was Sie jetzt tun, sind Sie ambivalent. Sie sind total wütend, weil »dieses Schwein« oder »diese Schlampe« Sie verlassen hat, und im gleichen Moment wünschen Sie sich sehnlichst, er oder sie käme zurück in Ihre Arme und alles wäre wieder gut.

Diese Ambivalenz lässt Sie hoffen und bangen, seelisch ganz oben oder ganz unten sein. Nur nicht in Ihrer Mitte. Deshalb kann in dieser Phase auch noch keine wirkliche oder gar dauerhafte Heilung erfolgen. Im Moment geht es nur um das nackte Überleben, bei dem jede Minute zählt.

Aber: Das bleibt nicht so! Im nächsten Kapitel erfahren Sie, dass sich der Liebeskummer in Phasen vollzieht. Sie werden erkennen, dass die Phase, in der Sie jetzt vielleicht gerade stecken, die schlimmste ist – und vorübergeht, auch wenn Ihnen jede Stunde, die Sie ohne den geliebten Menschen verbringen müssen, noch wie eine Ewigkeit vorkommt.

## Liebeskummer ist wissenschaftlich erklärbar und verläuft in Phasen

Fangen wir mit der positiven Situation an: Wenn wir verliebt und glücklich sind, haben wir Schmetterlinge und ein herrliches Kribbeln im Bauch. Unsere Augen strahlen. Unsere Haut hat jenen besonderen Schimmer, den keine Kosmetikerin nachzaubern kann. Unser Herz schlägt schneller, und unser Kreislauf funktioniert zuverlässiger als ein Schweizer Uhrwerk.

Wissenschaftler haben herausgefunden, dass unsere Stimmungslage von biochemischen Steuerungsmolekülen im Blut beeinflusst wird. Sind wir glücklich, schüttet das Gehirn körpereigene Glücksstoffe, so genannte Endorphine, aus. Verliebtheit setzt, ähnlich wie die Suchtmittel Nikotin und Kokain, aber auch das Hormon Dopamin frei und führt darüber hinaus zu einem erhöhten Adrenalinspiegel. Das Hormon Serotonin, das als Signalmolekül des Nervensystems unseren Gefühlshaushalt entscheidend beeinflusst, ist in dieser himmelhochjauchzenden Phase in nur geringer Konzentration nachweisbar. Zerbricht das Glück, übernimmt dieser latente Serotoninmangel aber die Regie über unsere Emotionen. Der Botenstoffwechsel im Gehirn funktioniert nicht mehr. Der Liebeskummer ist geboren. Mehr noch: Wir reagieren auf das Sinken des Dopamin- und Adrenalinspiegels mit regelrechten Entzugserscheinungen – als hätte man einem starken Raucher den Glimmstängel oder einem Schnupfer das Kokain weggenommen.

Plötzlich glauben wir, genau jenen Menschen, der uns gerade verlassen, verletzt, betrogen oder sonst irgendwie zutiefst gedemütigt hat, mehr zu lieben als je zuvor. Jedenfalls im ersten Moment des Schocks und der Verzweiflung. Jedes Mittel scheint uns recht, um diesen unerträglichen Zustand aus der Welt zu schaffen. Nur so sind die irrwitzigen Bemühungen zu erklären, ihn oder sie ausgerechnet durch Telefon- oder SMS-Terror, durch ständiges Auflauern, tränenreiches Flehen oder gar Selbstmorddrohungen zurückerobern zu wollen. Zum Glück hält dieser hormonelle Ausnahmezustand nicht ewig an.

Die österreichische Psychologin und Psychotherapeutin Dr. Gerti Senger[1] beschreibt, dass sich das Trauern um einen geliebten Menschen in fünf Phasen vollzieht. Nach ihren Studien sehen diese folgendermaßen aus:

*Phase 1: Sie spüren, dass irgendetwas nicht mehr stimmt*

Vielleicht protestieren Sie jetzt und möchten noch immer glauben, dass die Trennung ohne jede Vorwarnung kam. Aber wenn Sie die letzten Wochen und Monate vor der Katastrophe noch einmal ganz ehrlich Revue passieren lassen, werden Sie sich wahrscheinlich erinnern: Irgendetwas war anders als sonst. Vielleicht waren es nur Gesten, scheinbar unwichtige Bemerkungen oder Situationen im Bett, die nicht mehr ganz so waren wie früher. Kleinigkeiten haben Ihnen ein unbestimmtes Gefühl der Bedrohung gegeben, auf das Sie vielleicht schon mit ersten psychosomatischen Beschwerden wie Bauch- oder Rückenschmerzen reagiert haben.

*Phase 2: Sie sind wie gelähmt*

Jetzt ist es passiert. Sie können sich nichts mehr vormachen. Die Trennung ist ausgesprochen. Der geliebte Mensch ist innerlich auf jeden Fall schon weg – auch wenn er vielleicht noch eine Weile mit Ihnen unter einem Dach lebt. Sie sind wie gelähmt. Sie weinen, auch wenn diese Tränen noch nichts mit wirklicher Trauerarbeit zu tun haben, sondern eine reine Stressreaktion sind. Ihre Welt ist aus den Fugen geraten. Sie sind fassungslos und haben keine Ahnung, wie Sie mit dieser Ihre innere Existenz bedrohenden Situation umgehen sollen. Alles läuft mechanisch ab. Sie fühlen sich wie ferngesteuert, wie ein Roboter. Sie können nichts tun, fühlen sich zur Hilflosigkeit verdammt. Wie ein kleines Kind.

*Phase 3: Sie wollen verhandeln, um das Schlimmste zu verhindern*

Die natürlichen Selbstheilungskräfte, die in uns allen stecken, werden nun aktiv. Der Lähmung folgt das krampfhafte Bemühen, die Katastrophe vielleicht doch noch abzuwenden – egal, zu welchem Preis. Oder sie wenigstens zu verschieben. Kompromissvorschläge – die bis zur Selbstaufgabe gehen können – werden angeboten. Plötzlich wollen Sie Ihrem Partner mehr Freiräume zugestehen oder sogar eine offene Beziehung führen, auch wenn Sie innerlich ganz genau wissen, dass Sie das nie verkraften würden. Sie verhandeln mit ihm, schlagen eine Trennung auf Probe vor oder glauben verzweifelt, wenn Sie sich »bessern«, können Sie ihn vielleicht doch noch zurückerobern. All diese Bemühungen, so Gerti Senger, sind »Übergangsrituale«, die dazu dienen, Zeit und Raum zu gewinnen, um in kleinen Schritten eine eigene, nicht auf den Partner bezogene Identität aufzubauen.

*Phase 4: Sie müssen sich eingestehen: Es ist vorbei!*

Jetzt können Sie nicht mehr anders: Sie müssen sich eingestehen, dass alle Bemühungen, die Liebe zu retten, gescheitert sind. In dieser Phase der Regression, in der das Bett vielleicht Ihre einzige Zuflucht ist, werden die wirklichen Gründe für die Trennung meistens noch nicht wahrgenommen.

Erinnern Sie sich? Haben Sie nicht auch eine Zeit lang gedacht: »Hätte ich nur das und das gemacht oder das und das gelassen – dann wäre alles anders gekommen«? Sie haben sich mit Selbstvorwürfen und Schuldzuweisungen gequält oder eine dritte Person gefunden, die Sie für das Scheitern der Beziehung verantwortlich gemacht haben.

Im schlimmsten Stadium, in dem Essen, Trinken, Schlafen und Arbeiten oft nicht mehr funktionieren, ist der Gedanke an Selbstmord für viele ein ständiger Begleiter. Aber: Dieser »Höllentrip des Liebeskummers«, wie Gerti Senger es nennt, bietet eines Tages die Chance auf Wachstum und Bereicherung. Ausgerechnet dieses seelische Tief löst nicht selten eine schöpferische Phase aus, die von ungeahnter Kreativität und einer intensiven Schaffensperiode gekennzeichnet ist. Und das war nicht etwa nur bei so weltbekannten Künstlern wie Goethe oder Picasso zu beobachten, sondern wird auch Ihnen widerfahren. Auch wenn Sie das im Moment noch nicht glauben können – freuen Sie sich darauf!

*Phase 5: Sie akzeptieren das Geschehene*

In dieser Phase akzeptieren Sie zwar, dass die Liebe vorbei ist, aber das heißt noch lange nicht, dass Sie nicht mehr traurig sind. Im Gegenteil. Die wirkliche Trauerarbeit geht jetzt erst richtig los. Ihre Gedanken kreisen fast ununterbrochen um den verlorenen Partner. Depressionen und Weinkrämpfe sind noch immer an der Tagesordnung. Sie haben das Bedürfnis, all jene Plätze aufzusuchen, an denen Sie mit dem Verflossenen waren. Mehr noch: In Ihrem Sozialverhalten sind Sie unberechenbar, ziehen sich heute von allem und jedem zurück, um morgen überall in der ersten Reihe mitzumischen. All das ist Ausdruck Ihres – meist noch unbewussten – Bemühens, sich einen neuen Platz in Ihrem Umfeld zu erobern, eine neue, eigene Identität zu finden. Weg vom »Wir« – hin zum »Ich«.

Sie kapseln sich nicht mehr ab, sondern suchen immer häufiger den Kontakt und das Gespräch mit Freunden oder Angehörigen. Mitunter werden erste sexuelle Abenteuer eingegangen, die allerdings fast nie bereits die Basis für eine neue stabile Beziehung sind. Erst in diesem Prozess der Akzeptanz des endgültigen Verlustes beginnt die Loslösung von dem einst geliebten Partner. Die vielschichtigen Gründe für das Scheitern der Beziehung werden nun behutsam zur Kenntnis genommen. Der erste vorsichtige Schritt in Richtung eines späteren neuen Glücks ist damit getan.

Aber: Es gibt keine allgemein gültige Norm, in welchem zeitlichen Rahmen sich diese Phasen zu vollziehen haben. Das hängt nicht nur vom Gefühlshaushalt des Betroffenen und von seinem Geschlecht, sondern auch von der Länge der Beziehung ab. Eine Faustregel aus der Liebeskummer-Praxis lautet: Wurde die Partnerschaft nach sechs oder mehr Jahren beendet, leiden Frauen durchschnittlich bis zu drei Jahre lang an Liebeskummer, Männer dagegen nur rund 18 Monate.

Aber Vorsicht: Wer akut liebeskummerkrank ist, kann zunächst weder aus der Erklärung chemischer Reaktionen bei Trauer noch aus den zu erwartenden Phasen der Schmerzverarbeitung allgemein gültige Richtlinien für das eigene Verhalten ableiten. Für ihn gilt im ersten Schock, jede einzelne Minute, jede Stunde und jede Woche, die er ohne den Partner hinter sich gebracht hat, als wichtigen Schritt zurück in die Normalität zu werten. Ähnlich wie bei dem langen Weg heraus aus einer Sucht, bei dem jede noch so winzige Zeiteinheit ohne das Suchtmittel ein kleiner Triumph über die Abhängigkeit ist, bedeutet jeder einzelne Tag und jede einzelne Nacht ohne den einst geliebten Menschen ein winziges, aber wertvolles Stück seelischer Gesundung.

Lassen Sie sich also von niemandem vorschreiben, in welchem Zeitraum Sie Ihre Trauerarbeit leisten müssen. Und vor allem: Setzen Sie sich nicht selbst unter Druck! So wie Sie von einem gebrochenen Knochen nicht verlangen können, gefälligst im Schnellverfahren zu heilen, können Sie auch Ihre Psyche nicht zur Eile antreiben. Völlig unbeeindruckt von Ihrem Drängen wird sie sich die Muße nehmen, die sie braucht, um so weit zu genesen, dass sie eines Tages vertrauensvoll und vor allem angstfrei einer neuen partnerschaftlichen Bindung zustimmt.

Und dennoch: Diesen langen und schmerzlichen Heilungsprozess müssen Sie nicht apathisch und tatenlos über sich ergehen lassen: Im zweiten Teil des Buches erfahren Sie, wie Sie Ihrer Stimmung, Ihrer Seele und Ihrem Selbstwertgefühl unter die Arme greifen und gleichzeitig aus dem Erlebten und Erlittenen lernen können. Sie lesen, welche ungeahnten kreativen Kräfte durch den Schock freigesetzt und welche tief greifenden Veränderungen möglich werden. Schließlich soll der schlimme Liebeskummer nicht umsonst gewesen sein, sondern Ihre Persönlichkeit stärken und Ihnen dabei helfen, klarer und schneller zu erkennen, was Sie von Ihrer nächsten Beziehung erwarten, und vor allem, was nicht.

## Liebeskummer – der tiefste Schmerz, der stets belächelt wird

Wer Liebeskummer hat, schämt sich. Glaubt, eine Macke zu haben, weil er nicht mehr so funktioniert, wie das Umfeld es erwartet. In spätestens drei Monaten, so wird dem Betroffenen suggeriert, hat er mit dem Thema durch zu sein. Vor allem, wenn er sich ein bisschen zusammenreißt. Und Letzteres kann man von einem erwachsenen Menschen doch wohl verlangen, oder?

Leider ist das so genannte Trauerjahr ein wenig aus der Mode gekommen. Außerdem galt es auch nur für »anständig« verwitwete Männer und Frauen. Ihnen stand es zu, sich zwölf Monate in Schwarz zu hüllen, keine Musik zu hören und sich dem gesellschaftlichen Leben zu verschließen. Mehr noch: Wer sein großes Leid auf diese Art zeigte, bewies eindrucksvoll, wie sehr er dem Verstorbenen einst verbunden war. Ansehen und Rechtschaffenheit stiegen.

Der Liebeskummer-Patient, der ebenfalls einen geliebten Menschen verloren hat, quält sich dagegen nicht nur mit Selbstvorwürfen und Schuldgefühlen, sondern auch mit einem schlechten Gewissen. Er glaubt, nur er würde so durchhängen. Tiefe Trauer stünde ihm nicht zu, weil unsere Leistungsgesellschaft diese Gefühle nach einer »simplen« Trennung nicht erlaubt. Disziplin und ungebrochene Dynamik werden erwartet. Trauerarbeit im Zeitraffer. Und das Ganze auch noch möglichst unbeobachtet im eigenen Kämmerlein.

Unsere schnelllebige Konsumgesellschaft lehrt uns, Fehlerhaftes zu entsorgen, Kaputtes auf den Müll zu werfen und Überholtes durch ein neueres Modell zu ersetzen. Diese scheinbar patente Einstellung prägt längst auch unseren Beziehungsalltag. Passt das Liebes-Arrangement für einen der beiden nicht mehr, wird nach dem austauschbaren Partner gesucht, der – wenigstens für eine Weile – alle Beziehungsansprüche erfüllt.

Es ist aus der Mode gekommen, um die Liebe zu kämpfen. Partnerschaftliche Zufriedenheit und anhaltende Harmonie werden nicht nur als Selbstverständlichkeit vorausgesetzt, sondern – immer wieder – regelrecht eingefordert, wenn eine neue Beziehung eingegangen wird. Anfangs scheint dieses Arrangement ja auch zu klappen: Die Leidenschaft ist groß, der Sex himmlisch und der Alltag weit weg. Aber wehe, wenn er sich nähert! Wenn das Feuer der ersten Liebe lahmer Gewohnheit weicht. Kaum jemand will die Vorteile gewachsener Vertrautheit heute noch erkennen. Kaum jemand möchte warten, bis sich ein Gefühl der Zusammengehörigkeit aufgebaut hat, das die Basis dafür sein könnte, kleinere und größere Krisen gemeinsam zu meistern und an ihnen zu wachsen.

Die bei den ersten Anzeichen von Frust oder Unzufriedenheit modern gewordene Trennung geschieht nicht nur häufig überstürzt und unbedacht, sondern ist darüber hinaus meistens einseitig. Auf der Strecke bleibt derjenige, der wie ein nicht mehr zeitgemäßes Möbelstück entsorgt wurde und vor lauter Kummer nicht weiß, wohin und an wen er sich wenden soll.

Gerade Familienangehörige sind in solchen Situationen oft schlechte, da voreingenommene Berater: Weil Eltern mit dem Schmerz ihrer erwachsenen Kinder und Kinder mit dem ihrer Eltern nicht umgehen können, drängen sie auf eine neue Verbindung. Oft wird dann hinter vorgehaltener Hand geunkt: »Wir wollten es dir nur nicht sagen, aber der oder die Soundso hat ja überhaupt nicht zu dir gepasst. Mit einem anderen Mann bzw. einer anderen Frau wirst du bestimmt glücklicher.«

Solche irrigen Vorschläge setzen die Betroffenen unter erheblichen Druck und sind darüber hinaus ausschließlich kopfgesteuert. Das Gefühl spielt da jedoch nicht mit. Es lässt sich nicht vom Verstand lenken, auch wenn wir uns das in unseren dunkelsten Momenten noch so sehr wünschen. Wir können uns keine Liebe aus dem Herzen reißen und Liebeskummer einfach überspringen. Jedenfalls nicht, wenn wir seelisch gesunden und eines Tages wieder glücklich sein wollen.

## Liebeskummer kennt kein Alter und kommt in den besten Familien vor

Liebeskummer ist so unberechenbar wie die Liebe selbst: Er taucht in jedem Alter und in jeder gesellschaftlichen Schicht genauso unerwartet auf wie die berühmte Liebe auf den ersten Blick. Ob wir 17 oder 70 sind – vor dem Supergau sind wir genauso wenig gefeit wie vor dem plötzlichen Superglück, das uns wie ein Blitz aus heiterem Himmel treffen kann. Weder unsere Schulbildung noch unsere berufliche oder private Stellung schützen uns vor dem emotionalen Chaos, in das uns die glückliche oder unglückliche Variante der Liebe stürzen kann.

In der Liebeskummer-Praxis suchen die Reichen und Schönen genauso Hilfe wie die Armen und Unscheinbaren. Der Leinwandstar genauso wie der Taxifahrer. Die Managerin genauso wie die Mutter von fünf Kindern, die plötzlich ohne Haus, Hof und Ehemann dasteht.

Aus der oberen und der unteren Altersgruppe haben wir je ein Fallbeispiel herausgesucht, das symptomatisch für viele andere sein kann. Selbstverständlich haben wir bei allen Berichten über liebeskranke Klienten die Namen verändert, um die Intimsphäre der Betroffenen zu schützen und der Schweigepflicht zu genügen.

Bis zu ihrem 21. Lebensjahr war bei *Caroline* alles im grünen Bereich: Sie hatte ein gutes Verhältnis zu ihren Eltern, einen großen Freundeskreis und vor allem seit zwei Jahren eine feste, scheinbar harmonische Beziehung zu *Thomas*. Und dann passierte es – ausgerechnet nach einem langen Gespräch über eine gemeinsame Altersvorsorge und einer innigen Liebesnacht in seiner Wohnung. Einfach so, beim gemeinsamen Frühstück: »Bitte nimm deine Sachen. Ich möchte Schluss machen. Ich habe gestern beim Sport eine andere kennen gelernt.«

Caroline war fassungslos, rief ihre Eltern an und ließ sich von ihnen in ihre eigene Wohnung fahren. Dort brach sie völlig zusammen.

Sie brauchte nicht nur über einen langen Zeitraum die Hilfe der Liebeskummer-Praxis, sondern – auf Silvias Drängen – auch die eines Psychiaters.

Auf ihre verzweifelten Fragen bekam Caroline keine wirklichen Antworten. »Ich habe keine Zeit und weiß auch nicht, was ich sagen soll.« O-Ton Thomas. Später stellte sich heraus, dass er gar keine neue Freundin, sondern einfach keine Lust mehr zu der Beziehung hatte.

Zwei Monate nach der Trennung schluckte Caroline an einem Wochenende, an dem sie mit niemandem verabredet war, sämtliche Tabletten, die sie finden konnte. »Es tat so weh und sollte einfach nur aufhören«, erklärte sie später in der Liebeskummer-Praxis. Sie war nach 20 Stunden bleiernen Schlafes wieder zu sich gekommen, um – begleitet von Silvia – den langen Weg heraus aus der Trauer fortzusetzen. Wirksame Unterstützung aus ihrem Elternhaus hatte sie dabei nicht. Schon sechs Wochen nach der Trennung von Thomas forderte ihre Mutter sie auf: »Nun reiß dich doch endlich mal zusammen!« Das sinnvollere Konzept war: viele Gespräche und – in diesem Fall – viel Arbeit, um sich abzulenken.

Zum nächsten Fall:

*Hermann*, mit 71 Jahren einer der ältesten Klienten, war seit über 40 Jahren glücklich verheiratet und Vater von drei erwachsenen Kindern, die im Ausland hoch dotierte Posten bekleideten. Nachdem er durch einen Zeitungsartikel von der Liebeskummer-Praxis gehört hatte, wollte er mit Silvias Hilfe seine ehemalige Geliebte ausfindig machen, die er ein Jahr nach seiner Hochzeit kennen gelernt hatte. Nach vier Wochen hatte er damals das intime Verhältnis mit dieser Frau aus moralischen Gründen wieder abgebrochen, um sich ganz seiner jungen Ehe zu widmen. Nun aber, im fortgeschrittenen Alter und ganz offensichtlich kurz vor seinem Tod – er war schon damals unheilbar krank –, trieb ihn sein noch immer bohrendes Gewissen dazu, sich nach dieser

Jugendfreundin zu erkundigen. Jahrzehntelang hatte er heimlich um sie gelitten.

Diese Frau wurde tatsächlich gefunden. Sie wollte von Hermann allerdings nichts mehr wissen und verweigerte jeden Kontakt. Eine Unterredung mit ihrem Ehemann ergab, dass sie seinerzeit nach dem abrupten Ende ihrer ersten Liebe verstört und depressiv geworden war und kein glückliches Dasein geführt hatte, während es Hermann nicht nur zu Rang und Namen, sondern auch zu einem stattlichen Vermögen gebracht hatte. Jetzt jedoch, kurz vor dem Ende seines Lebens, schnürte ihm sein schlechtes Gewissen fast den Atem ab, weil er sich für die Ehe und nicht die große Liebe entschieden hatte. In langen Gesprächen konnte er das damals Erlebte noch einmal gründlich aufarbeiten, um es dann für immer ruhen zu lassen.

# Die häufigsten Gründe für Liebeskummer

Das Karussell der Liebe dreht sich. Unaufhaltsam. In jedem Alter. In jeder Beziehung und in jeder Besetzung. Und das des Kummers auch. Silvia: »Ich habe manchmal das Gefühl, dass in meiner Praxis ein heimliches Tonband mitläuft: Die Gründe, warum Männer und Frauen mich aufsuchen, wiederholen sich ständig. Oft sind es sogar die gleichen Worte, mit denen das Herzbrennen und die Umstände der Trennung beschrieben werden. Und doch ist es immer eine völlig andere, einzigartige Lebens- und Leidensgeschichte, die zu dem seelischen Drama geführt hat.«

Die häufigsten Gründe für massiven Liebeskummer sind:

Untreue
Verliebtsein in eine andere Person
Eifersucht
Tod der Liebe
Erkalten der sexuellen Anziehungskraft
Vertrauensbruch
Verlust des Respekts
Unterschiedliche Erwartungen an die Beziehung
Konflikte in der Familie oder Verwandtschaft
Katastrophen im privaten Umfeld wie Krankheit, Unfall, Tod eines Kindes, eines Elternteiles, oder Ähnliches
Und vor allem:
*Die moderne Einsamkeit unserer Single-Gesellschaft*

Auf dieses Phänomen gehen wir an anderen Stellen unseres Buches immer wieder ein. Deshalb hier nur die wichtigsten Fakten im Überblick: In Deutschland leben 14 Millionen Singles. Ein Drittel davon leidet an Einsamkeit oder Liebeskummer und möchte diesen Zustand gerne ändern. Gleichzeitig ist der Drang nach der ultimativen Freiheit aber ungebrochen. Einschränken oder gar »Einsperrenlassen« möchte sich niemand mehr.

Andererseits gilt: Hat eine Beziehung bestanden und ist sie in die Brüche gegangen, dann wird zwar getrauert, aber in den meisten Fällen nicht mehr um die Liebe gekämpft. Der schnelle Griff nach dem Ersatzpartner scheint einfacher und bequemer.

Der hohe Prozentsatz von Einzelhaushalten ist kein Zufall. Ehen als nützliche Zweckverbände sind längst out. Es soll ausschließlich das Herz entscheiden, welcher Partner in Frage kommt. Die Erwartungen, die dabei an den anderen gestellt werden, sind nicht nur unrealistisch überhöht, sondern auch kaum noch lebbar. Fast jede Frau verdient ihr eigenes Geld, und fast jeder Mann ist heute patent genug, um sich selbst zu versorgen. Doch das ist nicht das »Schlimmste«: Vom modernen Mann wird erwartet, dass er stark und weich, durchsetzungsfreudig und anpassungsfähig, verständnisvoll und dennoch weiterhin ein ganzer Kerl ist. Die moderne Frau soll ihren Mann stehen, gutes Geld nach Hause bringen, stark und klug sein und gleichzeitig das anschmiegsame Weibchen bleiben, das zu ihrem Helden aufsieht und sich freiwillig unterordnet.

Diese Vorstellungen passen nicht unter einen Hut, sind aber auch nicht mehr wegzudiskutieren. Was bleibt, ist ein Heer von ungebundenen Männern und Frauen, die eins gemeinsam haben: Sie sehnen sich nach der große Liebe und fühlen sich – auch wenn sie das oft nicht zugeben – von Herzen einsam. Denn den Traum von der Zweisamkeit haben sie meist keineswegs begraben.

Mit diesem Problem kam auch die 37-jährige *Pia* in die Liebeskummer-Praxis. Sie betreibt ein erfolgreiches Architekturbüro und hat in den letzten vier Jahren keine Beziehung erlebt, die länger als drei Monate gehalten hat. Ihr letzter Partner wohnte im Haus gegenüber. Jetzt, nach der schmerzlichen Trennung, sieht sie täglich durch sein Küchenfenster auf ihre Nachfolgerinnen. Wird sie selbst einmal angebaggert, dann handelt es sich fast immer um junge Typen, die fast ihre Söhne sein könnten. Und das Schlimmste, so erzählt sie Silvia: »Ich versau' mir meine eigenen Chancen. Erst kürzlich bin ich in der Oper meinem absoluten Schwarm von früher begegnet. Sein Freund schüttete mir aus Versehen einen Kaffee über die Hose. Daraufhin wollte mich mein Schwarm zur Versöhnung zu einem Drink einladen. Und was machte ich? Lehne total verzickt ab! Und gehe abends wieder alleine ins Bett. So kann sich mein großer Traum nach einer eigenen Familie natürlich nie erfüllen. Und die biologische Uhr tickt und tickt…«

Nicht viel besser erging es der 34-jährigen *Simone*, einer attraktiven Ärztin, die vor zweieinhalb Jahren in die Liebeskummer-Praxis kam. Ihr Problem: Durch ihren anstrengenden Job und den Wochenenddienst lernte sie keine Männer kennen. Ihre letzte, achtjährige Beziehung mit einem Jugendfreund lag schon fünf Jahre zurück. Seither war sie ohne festen Partner und fühlte sich trotz ihres tollen sozialen Umfelds im Grunde ihres Herzens wahnsinnig einsam. Daran hat sich bis heute nichts geändert.

Auch die ungebundenen Männer sind nicht gerade glücklich. Hier der Fall des 36-jährigen *Gerret*, Marketingleiter bei der Bahn, beruflich ein unschlagbares Ass, privat introvertiert, bedrückt und einsam. Ähnlich wie Simone hatte auch er eine Jugendliebe, die aber schon lange vorbei ist. Nur für gelegentliche Quickies, um den hormonellen Notstand auszugleichen, kam die ehemalige Freundin immer wieder mal bei ihm vorbei. Gerret fühlte sich nach diesen kurzen Begegnungen immer ganz besonders allein gelassen und schlecht.

Ein kurzes Intermezzo mit einer Arbeitskollegin war gerade wieder in die Brüche gegangen, weil er zu sehr geklammert und seine Freundin furchtbar eingeengt hat. Zu seiner Einsamkeit waren nun immer größere Minderwertigkeitskomplexe gekommen. Aufgrund seines mangelnden Selbstbewusstseins gab es auch in der Verwandtschaft ständigen Zoff. Die Einsamkeit zeigte ihre Wirkung…

Ein weiterer Fall: *Robert*, 42 Jahre alt, Inhaber einer Friseursalonkette und nach einer längeren Ehe mit drei Kindern seit vier Jahren geschieden, suchte nun sein Glück im Internet. Schon dreimal hatte es so richtig gefunkt. Der äußerst gut aussehende Mann hatte jedes Mal sein Herz verloren und an eine gemeinsame Zukunft geglaubt. Aber: Alle drei Frauen machten mit ihm Schluss. Der Grund: Sie konnten seine furchtbare Eifersucht einfach nicht ertragen. Sein Besitzanspruch ging so weit, dass er sich sofort ungeliebt fühlte, wenn seine Partnerin auch nur einen Abend lang keinen Sex wollte.

Silvia: »Robert kann seine Einsamkeit auf Dauer nur dadurch beenden, dass er Vertrauen in sich und seine Person aufbaut und erst einmal lernt, alleine zu leben und mit diesem Zustand glücklich zu sein.«

Dies sind nur vier Beispiele von vielen. Wenn auch Sie zu der wachsenden Schar der Singles gehören, werden Sie selbst am besten wissen, wie sich die Einsamkeit anfühlt. Bedenken Sie aber: Erst wenn Sie tief in Ihrem Herzen wirklich ja gesagt haben zu einer partnerschaftlichen Lebensform mit allen damit verbundenen notwendigen Kompromissen, besteht die Chance, dass Mister oder Misses Right Sie eines Tages anlächelt.

# Ein Blick hinter die Fassade: Auch »Traumpaare« haben Kummer

Es gibt sie in jedem Bekannten- und Verwandtenkreis. Sie scheinen das Glück gepachtet und jenes gut gehütete Geheimnis gelüftet zu haben, wie lebenslange Harmonie nicht nur erzeugt, sondern vor allem auch erhalten wird. Die Rede ist von Traumpaaren. Jenen exotischen Wesen, die auch noch nach Jahren grundsätzlich Hand in Hand anzutreffen sind und vor Glück strahlen. Sie haben ihr Leben und ihre Liebe fest im Griff – bis man den Fehler macht, einmal hinter diese perfekte Fassade zu gucken. Dann wird man nicht selten erstaunt feststellen, dass auch bei Beziehungen gilt: *»Es ist nicht alles Gold, was glänzt.«*

Liebeskummer entsteht keineswegs erst dann, wenn sich einer der beiden Partner in eine dritte Person verliebt und danach trachtet, aus der bisherigen Zweisamkeit auszubrechen. Oft sind es viel subtilere und nur schwer in Worte zu fassende Gründe, warum sich zumindest ein Partner in der Beziehung nicht mehr wohl fühlt.

Gerade so genannte Traumpaare stehen nicht selten unter erheblichem Druck. Haben sie über einen längeren Zeitraum nach außen hin ungetrübtes Liebesglück demonstriert, wird von ihnen bald nichts anderes mehr erwartet. Freunde und Verwandte haben ihnen eine Vorbildfunktion übergestülpt, der sie auch dann gerecht werden müssen, wenn erste Krisen oder Missverständnisse aufgetreten sind. Dann kommt zu dem emotionalen inneren Stress auch noch der äußere: Keiner darf wissen, dass die Liebe bröckelt. Probleme werden vor anderen nicht angesprochen oder gar ausdiskutiert, sondern unter den Teppich gekehrt. Diese Spirale dreht sich immer weiter: So werden mitunter auch dann noch gemeinsame Einladungen angenommen, wenn zu Hause bereits die Einzelheiten der Trennung besprochen werden. Fragen nach dem nächsten Urlaub werden zwar vage, aber bejahend beantwortet. Die Pläne für anstehende Feste zwar zögerlich, aber dennoch zustimmend herausgerückt.

Traumpaare werden allgemein bewundert, beneidet und gerne nach Patentrezepten gefragt, welchem Trick sie ihr vermeintliches Dauerglück verdanken. Das ist eine angenehme und bestätigende Rolle, die niemand gerne wieder abgibt. Es nicht geschafft zu haben, den Erwartungen des privaten Umfeldes gerecht zu werden, kommt persönlichem Versagen gleich. Das Vorspiegeln falscher Tatsachen scheint da zunächst wesentlich einfacher. Klüger ist es indes nicht, denn: Wer sich zusätzlich zum beginnenden Liebeskummer auch noch zumutet, die Fassade einer heilen Welt aufrechtzuerhalten, überfordert sich heillos. Ist das endgültige Aus dann eines Tages nicht mehr zu verbergen, reagiert das nähere Umfeld regelrecht gekränkt, weil es sich verschaukelt fühlt. Daher unser Rat: Lieber bewusst den Ruf des Traumpaares aufgeben, als hinterher nicht nur die eigene Enttäuschung, sondern auch noch die der Freunde und Bekannten verkraften zu müssen.

Die häufigsten Gründe, warum es in zunächst intakten Beziehungen zu Krisen und Trennungen kommen kann, listen wir in dem Kapitel »Die sieben Todsünden gegen die Liebe« gesondert auf. Hier nur so viel:

- Nehmen Sie erste Irritationen in Ihrem gemeinsamen Alltag ernst.
- Sagen Sie gleich am Anfang, was Sie kränkt.
- Warten Sie nicht darauf, dass sich kleinere Probleme »im Laufe der Zeit« von alleine wieder lösen. Sprechen Sie gleich an, was Sie stört!
- Nehmen Sie professionelle Hilfe in Anspruch, sobald Sie erkennen, dass Sie alleine nicht mehr weiterkommen!
- Formulieren Sie deutlich und unmissverständlich, was Sie von der Beziehung erwarten.
- Lassen Sie es nicht zu, dass Eltern oder Freunde einseitig Partei ergreifen und Ihnen sagen, was sie von Ihnen erwarten. Nur

Sie selbst und Ihr Partner können beurteilen, was für Ihre Beziehung richtig ist oder falsch.

- Streifen Sie das Bild des Traumpaares ab, wenn es nicht mehr den Tatsachen entspricht und für Sie zu einer Belastung wird.

Keine Liebe ist nur eitel Sonnenschein, jedenfalls keine ehrliche. Höhen und Tiefen, gemeinsam bewusst durchlebt und bewertet, bilden auf Dauer die bessere Grundlage für eine stabile Partnerschaft als eine mühsam aufrechterhaltene Fassade der Harmonie.

# Der Traum von der ewigen Liebe – Beziehungskiller Nummer eins?

Waren unsere Großeltern glücklicher? Oder klüger? Oder einfach nur anspruchsloser? Die meisten von ihnen haben es geschafft, ihre Ehe bis zum seligen Ende eines der beiden Partner aufrechtzuerhalten. Scheidungen waren selten – und wurden schamhaft verschwiegen oder wenigstens weitgehend vertuscht, weil es sich nicht schickte, das, was Gott zusammengefügt hatte, wieder zu trennen. Über solche Dinge wie Untreue, Unzufriedenheit oder Liebeskummer sprach man nicht. Es gehörte sich nicht, sein Seelen- oder gar sein Sexleben vor anderen auszubreiten. Zumindest nach außen hin war also alles in bester Ordnung.

Warum haben die Generationen vor uns etwas hingekriegt, was heute nur noch knapp die Hälfte aller Zeitgenossen schafft?

*Haben wir es verlernt zu lieben?*

*Ist Liebeskummer eine Erfindung des 20. und 21. Jahrhunderts?*

Die Antwort darauf ist ernüchternd und verblüffend einfach zugleich: Unsere Vorfahren sahen in der partnerschaftlichen Verbindung, für deren Zustandekommen sie oft gar nicht verantwortlich waren, in erster Linie eine praktische und notwendige Zweckgemeinschaft für schlechte Zeiten. Es lebte sich leichter, wenn für den Ernst- oder Notfall ein Mann und eine Frau im Haus waren. Unter dieser Prämisse hat man sich arrangiert, in guten wie in schlechten Zeiten. Und nicht jede Emotion, jeden ersten zarten Anschein einer möglichen Enttäuschung gleich hinterfragt und zur Grundlage für das weitere Verhalten gemacht.

Heute dagegen träumen wir, ob 15 oder 50, den großen Traum von der großen, romantischen, unerschütterlichen Liebe, die von gleich bleibender gegenseitiger Begeisterung, von nie abnehmendem glühendem Verlangen und tiefer Zufriedenheit getragen wird. Dieses wundersame Gefühl kennt keine Versuchungen und keine Abnützungserscheinungen. Alltag und Routine können ihm, genau wie Bierbauch und Zellulitis, nichts anhaben, denn es ist ja nicht aus der Realität heraus geboren, sondern vielmehr eine Erfindung der Dichter und Denker der Romantik.

Keine andere Romanvorlage hat sich ähnlich unverändert bis in die modernen Medien hineingerettet wie das Märchen von der ewigen Liebe. Ob wir den Songs von Elvis oder Robbie Williams lauschen, eine Seifenoper oder Telenovela verfolgen, Goethe oder Rosamunde Pilcher lesen – immer hören die Geschichten in genau dem Moment auf, in dem sie eigentlich erst richtig spannend werden. Nämlich dann, wenn sich die Liebenden – meist nach vielen Irrungen und Wirrungen – endlich gefunden haben und nun eigentlich versuchen sollten, so etwas wie einen gemeinsamen Alltag hinzukriegen. Doch da schweigt des Sängers Höflichkeit und lässt uns mit unseren Träumen allein. Wir erfahren nicht, was aus der Liebe wird, die so hoffnungsvoll begann. In unserem Gedächtnis und in unserem Herzen bleibt nur der letzte, innige Kuss, der alles besiegelt. Er verschmilzt in unserer Phantasie mit den beliebten Worten aus zahlreichen Märchen »Und so lebten sie glücklich und zufrieden bis an ihr seliges Ende« zu einem beneidenswerten Trugschluss.

Natürlich können wir Sehnsucht und Wirklichkeit, rosarote Romantik und graue Realität klar voneinander unterscheiden. Glauben wir jedenfalls. Aber das, was sich an romantischen Träumen in unsere Seele schleicht und meist nur herzlich wenig mit den tatsächlichen Gegebenheiten zu tun hat, können wir nicht immer bewusst kontrollieren. Es bohrt hinterhältig in uns, wenn sich unsere himmelhochjauchzenden Erwartungen in einem Gestrüpp von Ernüchterung und Enttäuschung verfangen haben. Wir haben diesem nagenden Gefühl so wenig an tatsächlichen Erlebnissen und Erfahrungen entgegenzusetzen. Wie leicht ist es dagegen, hartnäckig in der romantischen und heilen Märchenwelt der Medien zu verharren.

Uns zwingt in vielen Fällen nichts und niemand, die Partnerschaft aufrechtzuerhalten. Wir sind modern, autark und sturmerprobt. Und meinen sogar, es sei unter unserer Würde, um die Liebe eines Mannes oder einer Frau zu kämpfen. Das Ende vom Lied kennen wir: Trauer, Tränen und Trennung. Und über alle dem schwebt nicht selten die vage, wenngleich unbewusste Hoffnung, beim nächsten Mal endlich an Mister oder Misses Right zu geraten und fortan von nimmermüder Seligkeit umhüllt zu sein.

Hätte sich dieser Traum nicht heimlich im hintersten Winkel unserer Seele eingenistet, würden wir wahrscheinlich länger und hartnäckiger versuchen, uns mit den wirklichen Gegebenheiten unseres Beziehungsalltags zu arrangieren und ein wenig von unserem hohen Ross und unseren unrealistischen Erwartungen herunterkommen.

Dazu Silvia. »In meiner langjährigen Arbeit mit Liebeskranken hat sich herauskristallisiert, dass die meisten Paare nur noch in guten und nicht mehr in schlechten Zeiten miteinander auskommen wollen. Die ersten Monate einer neuen Beziehung, so erzählen sie mir, sind immer toll, voller Spannung, voller Sex, voller Romantik. Aber sobald sich Alltag und Routine einstellen, wird die Beziehung angezweifelt. Wenn sie keinen Spaß mehr macht und nicht mehr so aufregend ist wie ganz am Anfang, wird sofort über eine Trennung nachgedacht. In den Armen eines anderen Menschen soll das Glück dann wieder von vorne beginnen. Mit allem, was dazugehört. Mit Schmetterlingen im Bauch, glühender Leidenschaft und dem unerschütterlichen Glauben an die große, ewige, romantische Liebe.«

Wir haben unzählige Frauen und Männer gefragt, was sie von dieser großen und ewigen Liebe halten, und die zehn interessantesten Antworten ausgewählt, um sie mit Ihnen zu teilen. Hier sind sie:

*Ramona* (31), Versicherungskauffrau: »Klar gibt es die ganz große Liebe. Aber nur einmal im Leben. Ich habe meine schon gehabt und leider wieder gehen lassen. Weil ich damals noch zu jung und zu naiv war, um die Tiefe der Gefühle zu erkennen.

Jetzt flirte ich nur noch. Als Zeitvertreib und Trost, weil ich den Verlust meines Idealpartners auch nach elf Jahren noch immer nicht ganz verkraftet habe.«

*Cornelius* (38), Werbefachmann: »Ich hatte bisher sechs Beziehungen. Drei davon hielten über fünfzehn Monate. Jedes Mal war ich sicher, endlich die Richtige gefunden zu haben – bis der Alltag losging und der Stress begann. Ich wäre erstickt, wenn ich geblieben wäre. Mein Motto: Weitersuchen und die Hoffnung nicht aufgeben.«

*Marlies* (26), Journalistin: »Ich erlebe die große Liebe gerade. Meine erste übrigens. Das geht nun schon acht Monate so. Wir sind noch genauso verrückt nach uns wie am Anfang. Alles stimmt. Trotzdem habe ich Angst, dass der Traum wie eine Seifenblase zerplatzt. Außer uns selbst kenne ich nämlich niemanden, der es geschafft hat, sich die Schmetterlinge im Bauch dauerhaft zu erhalten.«

*Udo* (42), Lehrer: »Nach zwei Scheidungen glaube ich eher wieder an den Klapperstorch als an die große, anhaltende Liebe.«

*Nadine* (19), Schülerin: »Ich finde, man braucht die Aussicht auf ewige Romantik. Sonst traut man sich an keinen Mann heran. Ich wurde zwar schon oft enttäuscht, aber tief in meinem Herzen bin ich überzeugt, dass mein Seelenpartner eines Tages kommt.«

*Alex* (30), Trainer: »Die große Liebe kommt nicht von allein. Beide müssen daran arbeiten, tolerant sein und ein Riesenglück haben. Dann kann es vielleicht passieren. Mir bisher allerdings leider nicht.«

*Margot* (38), Laborantin: »Ich lebe seit drei Jahren mit einer Frau zusammen. Ja, ich kann sagen, dass wir uns wirklich lieben und daran glauben, dass das immer so bleibt. Aber das hat mit Romantik nichts zu tun, sondern eher mit Kompromissbereitschaft, gutem Willen und Intelligenz. Aber auch mit unseren Erfahrungen aus früheren Beziehungen.«

*Greg* (22), Azubi: »Meine Eltern und beinahe alle anderen Verwandten von mir sind geschieden. Ich glaube nur noch an Lebensabschnittsgefährten, aber nicht mehr an Dauerpartner. Würde mir auch Angst machen, wenn ich irgendwann wüsste, dass ich für den Rest meines Lebens mit der gleichen Tussi vögeln müsste.«

*Clara* (44), Hausfrau: »Die große Liebe ist eine Sache der Wahrnehmung. Mein Mann ist meine große, einzige Liebe. Ich seine? Bestimmt nicht. Aber darüber will ich lieber nicht nachdenken.«

*Timo* (35), Reiseleiter: »Nach meiner Erfahrung gäbe es viel weniger Trennungen, wenn die Frauen nicht so kitschige Vorstellungen von ewiger Romantik hätten. Kaum geht man(n) mal auf zwei, drei Bierchen ohne sie in die Kneipe, sind sie sicher, man würde sie nicht mehr lieben.«

Dazu Silvia: »Unter all den Hunderten von Klienten, die im Laufe der Jahre in meine Praxis gekommen sind, war nicht einer, der nicht insgeheim von der großen Liebe geträumt hat. Selbst die Zyniker glauben an sie, geben das allerdings nicht gerne zu.«

Allerdings, so Silvia weiter, ist es eine traurige Zeiterscheinung, dass so viele Menschen nur noch kurz mit einem Partner zusammen sind. Sie versteifen sich auf die guten Zeiten, auf die Schmetterlings-Phase. Nur die hat noch eine Existenzberechtigung. Kehrt allmählich der Alltag ein, entsteht mindestens bei einem der beiden Partner der Wunsch, die Beziehung zu beenden und in anderer Besetzung erneut nach der ewigen Liebe zu suchen. Die »schlechten Zeiten« dagegen, die ein Paar erst wirklich zusammenschweißen und die Stabilität einer Partnerschaft ausmachen, werden gar nicht erst durchlebt.

Silvia: »In meine Praxis kommen wieder und wieder Menschen zwischen Ende zwanzig und Ende dreißig, die mir ihr Leid klagen. Ihre Beziehungen gingen immer nach wenigen Monaten wieder in die Brüche. Sie wüssten nicht, warum das so wäre. Frage ich dann näher nach, kriege ich zu hören, sie ließen sich das und jenes nicht bieten. Das hätten sie doch gar nicht nötig. Hier zeigt sich schon das Dilemma der Unvereinbarkeit von Wunsch und Realität. Der moderne Mann will inzwischen durchaus eine Partnerin haben, die der absolute Macher ist. Die alles schmeißt und alles kann. Gleichzeitig möchte er der große Held bleiben. Erwartet Bewunderung und eine gewisse Vormachtstellung. Die moderne Frau wünscht sich einen einfühlsamen, verständnisvollen, aber natürlich auch erfolgreichen und hippen Partner, der auf Verlangen aber auch noch den ungestutzten Macho raushängt. Das passt nicht unter einen Hut.«

Und noch etwas, so Silvia, zeigt den Wandel der Zeit und damit den Wandel der Liebe: Früher wurde eine Frau, die mit Mitte dreißig nicht verheiratet war, als »spätes Mädchen« oder gar »alte Jungfer« abqualifiziert. Trifft man heute eine verheiratete Mittdreißigerin mit Kind, so wird diese erstaunt gefragt: »Ja füllt dich das denn aus? Mir würde das nicht reichen.«

Fazit: Es ist nicht mehr unbedingt zeitgemäß, in einer dauerhaften, harmonischen Bindung zu leben und sich mit den ganz natürlichen Abnützungserscheinungen einer Liebe zu arrangieren. Nur die Anfangsphase wird angestrebt – in der irrigen Hoffnung, diese unverändert bis in die Unendlichkeit ausdehnen zu können. Zeigt sie erste Risse, wird mit der gleichen Sorgfalt, die einem Autokauf vorausgeht, ein neues Partnerschaftsmodell ausgesucht. Aber nicht etwa unter dem Motto: »Bis dass der Tod«, sondern vielmehr »bis dass der Alltag uns scheidet«.

## Wenn Teenies leiden

Unsere erste Liebe vergessen wir nie. Unseren ersten Liebeskummer auch nicht. In unserer Erinnerung bleibt er genauso lebendig wie der erste Kuss und das erste Sex-Erlebnis. Und er ist deshalb so traumatisierend, weil er rein zeitlich der ersten Trennungssituation, nämlich der Geburt, am nächsten ist. So wie wir damals lernen mussten, uns ohne den permanenten Schutz der Mutter als Einzelwesen zu begreifen, sind wir nun erneut dazu verdammt, uns als allein gelassen wahrzunehmen. Das schürt die gleiche Urangst wie damals. Erzeugt die gleiche Panik und Erschütterung des Selbstwertgefühls. Vor allem, wenn wir im Partner eine Ergänzung bzw. Aufbesserung der eigenen Persönlichkeit gesehen und uns erst durch ihn als vollwertig erlebt haben.

Für den Teenager, der zum ersten Mal die Trennung von einem geliebten Menschen verkraften muss, ist alles neu in diesem schrecklichen Moment. Er hat – zumindest auf der bewussten Ebene – keine Erfahrungswerte und keine Vergleichsmöglichkeiten. Weder weiß er, was genau mit ihm geschieht, noch hat er eine Ahnung, wie lange dieser verwirrende, bedrückende Zustand anhält. Das verunsichert und macht Angst. Große sogar, denn zu dem ganzen Dilemma kommt noch das emotionale Chaos der Pubertät, das für sich allein schon ausreicht, um einen jungen Menschen aus dem Gleichgewicht zu bringen.

Wenn Trauer, Wut, Selbstvorwürfe, Verzweiflung und Scham bei den Teenies zu einem Supergau der Gefühle führen, sind bagatellisierende Bemerkungen der Erwachsenen Fehl am Platz. Viel sinnvoller ist es, erst einmal Zugang zu den leidenden Kids zu finden und eine Basis des Vertrauens aufzubauen. Das kann zum Beispiel dadurch geschehen, dass Eltern ihren Kindern vom eigenen ersten Liebeskummer erzählen. So zeigen sie Verständnis und etablieren gleichzeitig: »Du und deine Gefühle sind ganz in Ordnung und völlig normal.«

Sind die Jungen und Mädchen in der Pubertät aber verschlossen und abweisend, kriegen Vater und Mutter das gebrochene Herz zunächst oft nicht mit.

Das sind die häufigsten Anzeichen, dass etwas ganz und gar nicht stimmt:

- Ihr »Kind« kapselt sich noch mehr ab als sonst.
- Es weigert sich, an den Familienmahlzeiten teilzunehmen. Angeblich hat es schon woanders gegessen.
- Es nimmt immer mehr ab. Vorsicht, hier könnte bereits eine Anorexie oder sogar Bulimie, die lebensgefährliche Ess-Brechsucht, entstehen!
- Die Hautfarbe ist fahl. Häufig nimmt die pubertäre Akne vorübergehend zu.
- Winzigen Anlässen kann ein Strom von Tränen folgen.
- »Lasst mich doch alle in Ruhe«, wird zum häufigsten Satz.

Treffen mehr als zwei dieser Anzeichen zu, ist einfühlsame und behutsame Unterstützung angesagt. Wenn innerhalb der Familie kein Gespräch möglich ist – schließlich empfinden viele Jungen und Mädchen ihre Eltern während der Pubertät vorübergehend als völlig unbrauchbar und regelrecht peinlich –, sollte professionelle Hilfe erwogen werden.

Schwierig ist der Liebeskummer aber auch in der Klassengemeinschaft, denn der oder die Betroffene trauert nicht nur um den Verlust des Partners, sondern schämt sich auch, wieder alleine zu sein und niemanden zu haben, der das eigene Ansehen aufmöbelt. Mit jemandem zu gehen ist schließlich auch eine Frage des Prestiges.

Gut, wenn jetzt eine gute Freundin oder ein bester Freund zur Hand sind, um zu trösten, um abzulenken und vor allem, um zuzuhören. Auch im Internet finden die jungen Leute zahlreiche Foren mit gleichaltrigen Betroffenen, mit denen sie sich austauschen und über ihre Probleme chatten können. Doch den direkten Zuspruch können diese Einrichtungen meistens nicht ersetzen.[2]

Der Berliner Rundfunksender »Teddy« widmet sich in seiner Sendung *Elternfreie Zone* ebenfalls liebeskranken Teenagern und gibt ihnen darüber hinaus die Möglichkeit, sich in der Liebeskummer-Praxis Anregungen und Hilfe zu holen. So wurde der 15-jährige *Phillip* zu Silvia weitergeschaltet. Hier sein Fall:

*Phillip* war einige Wochen mit *Jessica* zusammen und machte dann mit ihr Schluss, weil sie »viel zu sehr geklammert hat und mir nur noch auf den Geist ging«.

Nach der Trennung ging es Phillip wunderbar – bis er Jessica eng umschlungen mit *Patrick* auf dem Schulhof sah und beobachten musste, wie die beiden sich küssten. Da wurde ihm nach seinen eigenen Worten schlagartig klar, dass er Jessica liebte und sie unbedingt zurückhaben wollte. Warum, das erfahren Sie im Kapitel: Konkurrenz belebt das Geschäft.

Ganz anders der Fall von *Mona*:

Sie klagte Silvia, sie sei unsterblich in *Markus* verliebt und wahnsinnig traurig, weil er sie plötzlich nicht mehr beachten würde. Auf Silvias Frage, warum sie wegen dieses Jungen so sehr leide und ob er immer besonders nett zu ihr gewesen sei, kam die Antwort: »Nee, er hat mich zwar geküsst und ist ab und zu mit mir spazieren gegangen, aber sonst hat er immer nur mit mir gemeckert und seinen großen Hund auf mich gehetzt.«

Trotzdem war Mona über das Ende dieser einseitigen Beziehung so unglücklich, dass sie sich an einen Rundfunksender wandte und zusätzlich bei Silvia Hilfe suchte. Ein Zeichen dafür, dass sie offenbar niemanden zum Reden hatte und lieber die Quälereien durch Markus in Kauf nahm, als allein zu sein und in der Klassengemeinschaft als Versagerin zu gelten.

Monas Beispiel ist typisch für viele Teenies, die in ihrem Elternhaus nicht genug Wärme spüren und ihre erste Schülerliebe mit schwärmerischen Träumereien und der Illusion überfrachten, in den Armen des ersten Jungen die ganz große Liebe und lebenslange Sicherheit und Geborgenheit zu finden. Dass das Zerbrechen dieser Beziehung dann einer persönlichen Katastrophe gleichkommt, versteht sich von selbst.

Wie sehr junge Menschen unter einer ersten Trennung leiden können, machen folgende Zeilen deutlich, die der 23-jährige *Peter* verfasst und uns freundlicherweise zum Abdruck zur Verfügung gestellt hat. Er schreibt:

*»Ich wach morgens auf, die Pistole auf der Brust und eine Schlinge um den Hals, und mein erster Gedanke ist: Wo bist du? Warum bist du nicht mehr da? Du warst doch eben noch da. Ich rieche dich, kann dich spüren. Oder bilde ich es mir nur ein? Nein, tue ich nicht, denn es fühlt sich so wirklich an.*

*Mit jedem Moment, den ich wacher werde, wird der Schmerz stärker – erst im Herzen, dann im Kopf und dann im Bauch. Ich muss aufs Klo, mich übergeben. Alles dreht sich und fühlt sich an wie ein schlimmer, krasser Drogentrip, von dem ich nie wieder runterzukommen scheine. Ich stell mir immer und immer wieder die gleichen Fragen: War es ein Traum? Nein! Hab ich was falsch gemacht? Vielleicht. Werde ich jemals wieder was Ähnliches erleben? Wer weiß?*

*Warum ist sie weggegangen? Warum liebt sie jemand anderen? War es mit mir so schlimm? Oder haben wir einfach nicht zusammengepasst? Es war doch so schön – am Anfang jedenfalls. Fragen über Fragen, doch keine Antworten.*

*Der Rest des Tages vergeht wie in Trance. Keine Sekunde vergeht, in der ich nicht an sie denken muss. Ich bin wie ferngesteuert, gehe zur Arbeit und kiff mir die Birne weg (was in dieser Situation zwar manchmal für den Moment ein wenig hilft, aber auf Dauer alles noch schlimmer macht). Alles ist irgendwie verzerrt. Zeit und Raum scheinen sich gegen mich verbündet zu haben und sich in einem sich immer und immer wiederholenden Schauspiel um mich zu drehen.*

*Farben oder meine Umwelt kann ich nur noch durch einen Schleier wahrnehmen. Alles ist grau, wenn nicht sogar schwarz. Alles ist kalt, wenn nicht sogar tiefgefroren. Ich bin ein Fremder auf diesem Planeten. Außer in Gesprächen mit Kunden kann ich über nichts anderes reden als über sie. Egal mit wem – ob es Familie oder Freunde sind, Arbeitskollegen oder Leute, die ich auf der Straße kennen lerne, Ärzte oder Psychologen. Ob mit den Vögeln, den Sternen oder dem Mann im Mond.*

*Und das dauert jetzt schon fast ein halbes Jahr – viel Zeit, viele Menschen, viele Gespräche, doch helfen tut es nicht. Wie soll es weitergehen? Lange halte ich das nicht mehr aus. Dieser Schmerz ist einfach unerträglich.*

*Sie war mein erstes Mädchen, und das mit 23 Jahren. Bei ihr hatte ich das Gefühl, endlich mal was richtig gemacht zu haben, aber na ja…*

*Schlafen kann ich auch nicht mehr richtig – außer ich habe mich so zugekifft, dass der Körper nichts anderes machen kann als in einen komaähnlichen Schlaf zu fallen. Doch selbst dann wach ich mitten in der Nacht auf wie vom Blitz getroffen, und mein Herz droht jeden Moment rauszuspringen. Mein ganzer Körper zittert. Ich scheine jeden Moment tot umzufallen, und ich wünsch mir nichts mehr als eine beruhigende, warme Umarmung von ihr…*

*Doch dann wird mir aufs Neue bewusst, dass sie für immer weg ist, und ich fange an durchzudrehen: Ich steh auf, schrei ihren Namen und falle meistens in ein mehrstündiges, aggressives Zwiegespräch mit mir selbst. Es kommt nicht selten vor, dass ich in so einer Nacht mir gegenüber sogar gewalttätig werde, (nicht, dass ich versuche, mich umzubringen, wobei sich dieser Gedanke natürlich aufdrängt, aber 'ne Faust ins Gesicht oder mit dem Kopf gegen die Wand – das kommt schon mal vor).*

*Bin ich krank? Keine Ahnung. Aber ich habe entschieden, mir helfen zu lassen.«*

Dazu Silvia:

»Vor kurzem kam Peter noch einmal zu mir in die Praxis. Da spürte ich bereits, dass er noch viel zu aufgelöst und verzweifelt war, um erste therapeutische Übungen zu machen. Ich konnte nur zuhören, ihm eine Schulter bieten und hoffen, dass er sich in den Phasen, in denen seine Mutter arbeitete und er auf sich selbst gestellt war, nichts antat. Schon bald wurde klar, dass er rückfällig geworden war und wieder Drogen nahm. Während seiner Beziehung hatte er seine Abhängigkeit ganz gut im Griff gehabt, doch nun war die Kontrolle dahin. Er begann, seine aufgestaute Aggressivität gegen sich selbst zu richten.

Nachdem er eines Tages stundenlang ziellos durch die Stadt gelaufen war und überhaupt nicht mehr wusste, wo er sich überhaupt befand, wurde ihm klar, dass er dabei war, sich systematisch zu zerstören. Er meldete sich daraufhin selbst bei einem Drogenentzug in Hamburg an und wurde sofort eingewiesen. Seither habe ich nichts mehr von ihm gehört.«

Erst nach weiteren drei Monaten und dem Ende des Entzugs meldete sich Peter dann doch noch einmal in der Liebeskummer-Praxis. Ein paar Wochen war er clean gewesen. Doch seit er weiß, dass seine ehemalige Freundin von einem anderen Mann schwanger ist, bekifft er sich wieder regelmäßig. Erneut droht der Liebeskummer, ihn zu zerstören.

# Auch in der Liebe gilt: Konkurrenz belebt das Geschäft

Hand aufs Herz: Haben Sie es nicht selbst schon einmal erlebt, dass ein Mensch, der für Sie eigentlich längst uninteressant geworden war, Sie plötzlich wieder unheimlich reizte, obwohl er inzwischen vergeben war? Ersetzen Sie das Wörtchen »obwohl« durch ein »weil«, und schon werden Sie sich höchstwahrscheinlich erinnern. Was sind das für Gefühle, die da plötzlich hochkommen?

Tief in unserem Inneren glauben wir, auch dann noch ein Anrecht auf die ungeteilte Liebe unseres Partners zu haben, wenn wir längst andere Wege gehen oder uns sogar bereits für einen anderen Menschen entschieden haben. Liebe, so haben wir nämlich als Kind gelernt, gerät auch dann nicht ins Wanken, wenn wir unartig oder »böse« waren und die Eltern enttäuscht haben. Vater und Mutter haben uns gezürnt, uns vielleicht sogar bestraft. Aber das hieß noch lange nicht, dass sie gleichzeitig aufgehört haben, uns zu lieben.

Diese tröstliche Gewissheit bewahren wir tief in unserem Herzen und übertragen sie – wenngleich meistens unbewusst – auf unser partnerschaftliches Leben. Das heißt im Klartext: Hat sich ein Mensch erst einmal in uns verliebt, so hat dieses wunderbare Gefühl, so meinen wir, auch dann noch ungemindert anzuhalten, wenn wir es eigentlich nicht mehr verdienen. Gerät es ins Wanken, kränkt und verletzt uns diese Erkenntnis. Am schlimmsten jedoch: Der kindliche Teil in uns kriegt richtig Angst. Weil wir plötzlich glauben, schutzlos dazustehen und allein zu sein.

Doch nicht nur das.

Silvia: »Es mag im ersten Moment flach klingen, aber in der Liebe stimmt die alte Volksweisheit, dass Konkurrenz das Geschäft belebt, tatsächlich. Nach meinen Erfahrungen trifft sie auf 70 Prozent der Männer zu. Wenn die Frau, die sie eigentlich längst abgelegt haben, strahlend und zufrieden am Arm eines neuen Partners auftaucht, spüren viele Männer zum ersten Mal die eigenen Gefühle. Es ist keineswegs nur der Jagdtrieb, der sie nun fast verrückt werden lässt, sondern vielmehr die plötzliche Erkenntnis, dass sie die vorher abgeschobene Frau über alles lieben und sofort zurückhaben wollen.

Frauen reagieren normalerweise anders, wenn sie ihren Ex Arm in Arm mit einer Neuen sehen. Sie sind dadurch oft so tief verletzt, dass sie sämtliche Versuche, den ehemaligen Partner zurückzuerobern, sofort aufgeben. Vor allem, wenn die Konkurrenz schon kurz nach dem Ende der eigenen Beziehung auftaucht.«

Aber auch da gibt es Ausnahmen. Hier der Fall:

*Nils* (22) ist seit seinem 16. Lebensjahr mit *Tatjana* zusammen. Nachdem das Studium der beiden eine räumliche Trennung mit sich gebracht hat, wird er kurzerhand entsorgt. Tatjana fühlt sich von ihm blockiert, empfindet ihn als lästigen Klotz am Bein. Bis Nils, ein eher ruhiger und verschlossener Junge aus der Kategorie ›heimlicher Frauenheld‹ nach kurzer Zeit eine neue Freundin hat. Nun zieht Tatjana auf einmal sämtliche Register. Sie telefoniert jeden Tag, schickt Mails und SMS-Botschaften und steht regelmäßig wieder auf der Matte. Der gute, alte, treue und lästige Nils ist plötzlich so spannend und aktuell wie nie zuvor, denn: Wenn eine andere den einst vertrauten Partner anbaggert, erwacht auch bei manchen Frauen der Kampfgeist. Sie wollen sehen, ob sie nicht doch noch am längeren Hebel sitzen und ihren ehemaligen Schwarm zurückerobern können. Die Neue, so wollen sie glauben, kann doch nur ein Notbehelf, ein schlechter Ersatz für sie selbst sein. Deshalb wird gebaggert, bis es eine Zweitauflage der Liebe gibt. Wie lange diese neu gezimmerte Beziehung dann hält, steht allerdings in den Sternen.

So war es auch bei Niels und Tatjana: Niels hat dem wieder erwachten Drängen seiner ehemaligen Freundin noch einmal nachgegeben und ist mit ihr erneut ins Bett gegangen. Nur ein einziges Mal. Danach hat er den Spieß umgedreht und nun seinerseits Tatjana den Laufpass gegeben. Diesmal den endgültigen, denn die wieder aufgewärmte Liebe hatte einen faden Beigeschmack und keine stabile Grundlage mehr.

Aber es muss nicht immer so enden wie bei Niels und Tatjana. Hier ein weiteres Fallbeispiel zu der These, dass Konkurrenz auch in der Liebe das Geschäft belebt:

Silvia: »*Clarissa* (23) kam mit massiven Essstörungen in die Praxis. Sie war nach einer dreijährigen Beziehung von ihrem Freund *Mark* (24) verlassen worden. Eigentlich hatten die beiden heiraten wollen, doch dann erklärte Mark, ihm würde das alles zu eng und für eine gemeinsame Zukunft liebe er sie nicht genug.

Clarissa war jahrelang richtig krank. Sie ging durch die Hölle. Ich musste sie zu einem Ernährungstherapeuten schicken und betreute sie darüber hinaus mehr als zwölf Monate lang in meiner Praxis. Eineinhalb Jahre nach der Trennung lernte Clarissa einen jungen Spanier kennen. Alles schien nun wieder gut zu werden. Bis sie – Arm in Arm mit ihrem Neuen und strahlend vor Glück – direkt vor ihrem Haus ganz zufällig Mark begegnete.

Nun nahm das Schicksal seinen Lauf: Als Clarissa am gleichen Abend von der Arbeit nach Hause kam, war ihr Auto von oben bis unten mit roten Rosen bedeckt. Rote Rosen säumten auch den Weg bis zu ihrer Haustür, vor der Mark mit einem riesigen Strauß stand und ihr mitteilte, er wisse seit diesem Morgen, dass er sie über alles liebe und mit ihr noch einmal von vorne anfangen wolle. Tatsächlich sind die beiden wieder zusammengekommen und haben inzwischen zwei gemeinsame Kinder.«

Silvia hat in ihrem privaten Freundeskreis eine ganz ähnliche Erfahrung gemacht: Nachdem die Heilpraktikerin *Christina* nach 25 Jahren Ehe ihren Mann verlassen hatte, blieb der Kontakt zu ihm – schon der gemeinsamen Kinder wegen – zunächst eineinhalb Jahre lang recht freundschaftlich. Man sah sich gelegentlich und ging fair miteinander um. Über eine etwaige Versöhnung wurde allerdings nie gesprochen – bis die Kinder ihrem Vater kurz vor Silvester mitteilten, in diesem Jahr könne die

Mutter nicht mit ihnen feiern, weil sie mit ihrem neuen Freund in London sei. Erst in diesem Moment »erkannte« Christinas Mann, der seit der Trennung schon einige Beziehungen hinter sich hatte, dass er seine Frau noch immer liebte und die bevorstehende Scheidung unbedingt abwenden wollte. Doch dazu war es längst viel zu spät.

Dazu Silvia: »All diese Beispiele zeigen, dass es sich im Karussell der Liebe durchaus lohnt, auch für andere Menschen interessant zu bleiben. Wir sollten uns nie ganz aufgeben, wenn wir eine Beziehung eingehen, sondern ein Stück Selbstständigkeit bewahren, eigene Hobbys pflegen, immer ein bisschen geheimnisvoll bleiben und den Bekanntenkreis nicht vernachlässigen. Es macht uns anziehend, wenn wir nicht immer verfügbar sind, sondern uns auch mal rar machen. Um einen Partner, den auch andere megaspannend finden, kümmert man sich intensiver. Ist man sich des anderen dagegen völlig sicher, erlahmt das Interesse rasch. Dann wächst die Gefahr, dass ein neuer Mensch, der erst erobert werden muss, die Sinne und Gedanken viel mehr beschäftigt als der stets verfügbare zu Hause. Also Vorsicht, wenn Sie gerade dabei sind, ganz im anderen aufzugehen! Er wird es Ihnen nicht danken.«

Ein Fallbeispiel aus der Liebeskummer-Praxis wird das verdeutlichen:

*Jana* (36), eine bildschöne, äußerst erfolgreiche Galeristin, verliebt sich in den prominenten, zwanzig Jahre älteren Top-Manager *Siggi*, der eine Frau und drei erwachsene Kinder hat und über Deutschlands Grenzen hinaus bekannt ist. Zunächst ist alles super: der Sex, die gegenseitige Anziehungskraft und das Träumen von einer gemeinsamen Zukunft.

Jana macht einen klassischen Fehler: Um zu jeder Tages- und Nachtzeit für Siggi verfügbar zu sein, gibt sie kurzerhand ihren Job auf und zieht sich mehr und mehr aus ihrem Bekanntenkreis zurück. Sie wartet nur noch darauf, dass Siggi, wie versprochen, mit ihr ins Ausland geht und sie dort gemeinsam noch einmal von vorne beginnen.

Ein schöner Traum, aus dem sie unsanft erwacht: Nachdem sie ihre Eigenständigkeit verloren und ihre eigene Zukunft begraben hat, ist sie für ihren prominenten Geliebten zu einer langweiligen Selbstverständlichkeit geworden. Er lässt sie fallen wie eine heiße Kartoffel. Ohne Vorwarnung, von heute auf morgen. Und sie fällt tief. Nicht nur in den größten Liebeskummer, sondern auch in finanzielle Not. Sie kann ihre Wohnung kaum noch halten und steht ohne Job da. Eineinhalb Jahre lang zieht sie sich völlig zurück. Knüpft weder neue Kontakte, noch belebt sie alte Freundschaften, die sie während der Liebesbeziehung mit Siggi auf Eis gelegt hatte.

Das Arbeitsamt sponsert schließlich zehn Beratungsstunden in Silvias Praxis. Schritt für Schritt gewinnt Jana ihr Selbstbewusstsein zurück und legt ihre Erstarrung ab.

Silvia: »Nach dem Ende unserer gemeinsamen Arbeit habe ich Jana monatelang nicht mehr gesehen. Erst vor kurzem hat sie sich wieder bei mir gemeldet: fröhlich, zuversichtlich und erfolgreich. Sie hat sich einen Pudel zugelegt, hat Kontakt zu einem Hundepsychologen aufgenommen und sich dann mit einem eigenen Hundekindergarten selbstständig gemacht. Das Geschäft floriert. Jana ist wieder ganz oben, ist unabhängig und selbstständig – und prompt steht ihr Promi erneut vor der Tür. Für Siggi ist sie plötzlich wieder topaktuell und spannend. Die Sprüche von einer gemeinsamen Zukunft kommen noch einmal aufs Tapet. Nur mit dem Unterschied, dass es diesmal Jana ist, die den Ton angibt und die Regeln für die Liebesbeziehung aufstellt.«

# Der vorprogrammierte Liebeskummer

Nicht immer trifft uns Liebeskummer wie der berühmte Blitz aus heiterem Himmel. Mitunter ist er regelrecht hausgemacht und vom ersten Moment der Beziehung an vorprogrammiert. Auch wenn wir das beim Entstehen einer neuen Bindung meistens nicht wahrhaben wollen.

Betrachten wir zunächst einmal die Liebe zu einem verheirateten Mann. (Am Ende des Kapitels lesen Sie, dass die Sachlage, wenn sich ein ungebundener Mann in eine verheiratete Frau verliebt, ganz ähnlich ist.) Diese Liebe basiert in den meisten Fällen auf unrealistischen Erwartungen und – Lügen. Die klassischen Erwartungen sind:

- Wenn ich ihn wirklich brauche, ist er für mich da.
- Er wird sich demnächst von seiner Frau trennen.
- Seine erste Ehe war ein einziger Irrtum.
- Die wirkliche Liebe seines Lebens bin natürlich ich.
- Er will mit mir noch einmal ganz von vorne anfangen.
- Er wird mich unmittelbar nach seiner Scheidung heiraten.
- Er wird mit mir eine neue, stabile Familie gründen.

Die Liste der klassischen Lügen liest sich ganz ähnlich:

- Zwischen mir und meiner Frau läuft seit Jahren sowieso nichts mehr.
- Ich bin nur noch wegen der Kinder/des Geschäftes/des Geldes mit ihr zusammen.
- Ich werde bald mit meiner Frau sprechen und sie um die Scheidung bitten. Lass mich nur noch den richtigen Moment abwarten.

Der latente Liebeskummer in der Beziehung zu einem verheirateten Partner meldet sich nicht etwa nur an den einsamen Wochenenden, Feiertagen und während der alleine verbrachten Ferien, sondern nach jedem neuen Abschied. Er muss wieder nach Hause. Geht zu seiner Frau und den Kindern. Auch nach dem tollsten Sex und einer längeren Beziehung steht seine Familie immer noch an erster Stelle und bestimmt seinen Terminkalender. Das heißt im Klartext: Die Geliebte ist und bleibt die zweite Wahl. Sie hat sich zur Verfügung zu halten, wenn es zeitlich gerade passt. Besonders günstig, wenn sie darüber hinaus bereit ist, im Verborgenen zu blühen, denn Auftritte in der Öffentlichkeit sind schließlich gefährlich und daher selten.

Je länger die Verbindung anhält, umso unbefriedigender wird sie für die heimliche Geliebte. Mit jedem weiteren Vertrösten und jeder weiteren faulen Ausrede sinkt ihr Selbstwertgefühl – ein prächtiger Nährboden für Liebeskummer. Da sie immer wieder hingehalten und mit leeren Versprechungen abgespeist wird, verhält sich ihr Kummer wie eine nicht ausgeheilte Krankheit: Er bricht immer wieder aus, und jeder Rückfall ist ein wenig schlimmer als der vorausgegangene, weil die Abwehr immer mehr geschwächt wird.

Das folgende Fallbeispiel, bei dem es um die langjährige Liebe der 31-jährigen *Anette* zu dem 39-jährigen, verheirateten Ingenieur *Gero* geht, macht die Bandbreite des Kummerpotenzials besonders deutlich. Immerhin war Geros Scheidung angeblich bereits anvisiert und nur noch eine Frage der Zeit.

Ausgerechnet zu Ostern, fünf Minuten vor dem Zeitpunkt der Verabredung, erhielt Anette von ihrem Lover eine kurze SMS, dass das Treffen leider nicht stattfinden könne, weil die Ehefrau ganz unerwartet das Fest mit ihrem Noch-Ehemann verbringen wolle.

Anette war fassungslos. Nachdem sie während der beiden Feiertage nichts mehr von ihrem Geliebten gehört hatte, schrieb sie ihm am Tag darauf folgende E-Mail:

*Guten Morgen Gero,*

*ich wünsche Dir trotz der eher ungünstigen Umstände weiterhin alles Gute. Aber ich möchte dir sagen, wie es mir geht: Unmittelbar vor unserer Verabredung hast du mich sitzen gelassen, im schönsten Cocktailkleid, gestylt von Kopf bis Fuß. Für Friseur, Kosmetikerin und Dessous hatte ich über 200 Euro ausgegeben – um dir zu gefallen. Ich bin enttäuscht, verletzt, wütend und traurig. Wenigstens mit einer Entschuldigung oder »persönlichen« Erklärung der Umstände deinerseits hatte ich schon gerechnet. Ich kapier' nichts mehr. Deine Frau wollte plötzlich die Feiertage mit dir verbringen, hast du mir knapp gesimst. Ihr sei wieder eingefallen, dass sie dich noch liebt. Wieso eigentlich? Ich denke, zwischen euch ist alles vorbei. Die Scheidung sei nur noch eine Frage der Zeit, hast du mir wieder und wieder versichert. Und jetzt erklärst du mir, deine Frau will in Zukunft wieder mehr mit dir reisen.*

*Dass du nicht in der Lage warst, wenigstens kurz das Haus zu verlassen oder zu einem späteren Zeitpunkt eine Verabredung mit mir zu treffen, hat mich zutiefst enttäuscht.*

*So habe ich nun Ostern alleine verbracht. Wie so viele andere Wochenenden davor. Ich bin alleine in unsere Stammkneipe gegangen – um dort meinen Ex knutschend mit einer anderen anzutreffen. Als einzig nüchterner Single zwischen all den betrunkenen Paaren alleine zu sein – das war grausam. Irgendwie habe ich es geahnt, dass Du wieder einmal kneifen würdest, und das tat doppelt weh.*

*Wie soll es jetzt weitergehen? Ich weiß es nicht mehr. Ich habe keine Ahnung, was in deinem Kopf und in deinem Herzen vor sich geht. Du meldest dich nicht einmal, bist vielleicht sogar sicher, zwischen uns sei alles in Ordnung. Und du könntest mich mit einem tollen Geschenk wieder versöhnen und gefügig machen.*

*Ich kann nicht mehr, Gero, und will auch nicht mehr, auch wenn dieser Entschluss fürchterlich wehtut. Noch mehr Demut, noch mehr Verletzungen, noch mehr Abgeschoben-Werden kann ich nicht ertragen. Ich gehe daran kaputt.*

*Lass uns noch einmal reden. Einiges muss geklärt werden.*

*Danke!*

*Anette.*

Tatsächlich schickte Gero darauf eine E-Mail, dass er leider eine Grippe habe und Anette nicht treffen könne. Außerdem habe seine Frau andere Pläne mit ihm. Sie habe eine gemeinsame Reise nach Paris gebucht. Dem könne er sich nicht entziehen. Aber er würde Anette gerne neue Dessous kaufen und demnächst mit ihr einen Kaffee trinken. Aber erst nach der Reise. Das würde sie doch verstehen, oder?

Dazu Silvia: »Meine sechsjährige Erfahrung hat mich gelehrt, dass der Traum der Dauergeliebten, eines Tages zur Ehefrau zu avancieren, nur in etwa zwei Prozent aller Fälle in Erfüllung geht: Wenn beide Partner rasch merken, dass es sich wirklich um die große Liebe handelt, kann es passieren, dass zu Hause klar Schiff gemacht und ein neues, gemeinsames Leben aufgebaut wird, das dann mit etwas Glück auch tatsächlich Bestand hat. In sechs Jahren habe ich das in meiner Praxis aber nur ein einziges Mal miterlebt: Ein Professor hat seine Familie verlassen, als das letzte Kind aus dem Haus war, um mit seiner langjährigen Geliebten in einer anderen Stadt noch einmal ganz von vorne anzufangen.

Meistens überwiegt allerdings die Hinhaltetaktik. Es sind die Kinder, die Finanzen, die Verwandten, der Job, unerwartete Reisen und Ähnliches, weshalb das klärende Gespräch mit der Ehefrau wieder und wieder verschoben wird. Mal ist es der achtzigste Geburtstag der Mutter, mal der Schlaganfall des Vaters, mal das Abitur der Tochter oder der Mofaunfall des Sohnes, warum keine klaren Verhältnisse geschaffen werden. So geht das oft über viele Jahre.

Schlimmer noch: Ich habe viele Fälle erlebt, in denen die Familie auch noch nach der Trennung ständig als Alibi herhalten musste. Da war der Mann zwar endlich ausgezogen und hatte sich eine eigene Wohnung genommen, aber wirklich frei für die Geliebte war er dadurch noch lange nicht. Sie war lediglich gut genug gewesen, ihm dabei zu helfen, sich von der Familie freizustrampeln und auf eigene Füße zu kommen. Danach war ihre Aufgabe erfüllt, denn nun hatte der Mann sein Leben wieder voll im Griff. Er sah blendend aus. Wusste, wie man sich kleidet. Wie man auftritt und sich einen neuen Freundeskreis schafft. Dank des neuen Charismas und der neuen Unabhängigkeit wirkte er nun auch auf andere Frauen und hatte plötzlich alle Chancen dieser Welt. Und ergriff sie auch. Zurück blieb die ausgediente, tüchtige Geliebte.«

Umgekehrt kann genau das Gleiche passieren: In Silvias Praxis kam *Reinhard*, ein erfolgreicher Unternehmer, der jahrelang eine verheiratete Frau unterstützt und gecoacht hatte, um ihr den Absprung aus der Familie zu erleichtern. Nicht nur mit Rat und Tat, sondern auch finanziell hatte er seiner Geliebten wieder und wieder unter die Arme gegriffen. Das reichte vom Geld für einen neuen, festeren Busen und für künstliche Fingernägel bis hin zum Sportwagen und einer Eigentumswohnung.

Kaum hatte die Frau ihre Familie verlassen und sich auf eigene Füße gestellt, ließ sie ihren langjährigen Sponsor fallen wie eine heiße Kartoffel und fing eine Beziehung mit einem Chefarzt an, der zufällig genau gegenüber von ihrem ehemaligen Freund wohnte.

Silvia: »Reinhard hatte die ganze Zeit die Rolle des Vaters übernommen, der alles regelt und für alles verantwortlich ist. Er hatte der verheirateten Frau beigebracht, wie man sich schminkt und kleidet, hatte ihr den Einstieg in die Gesellschaft ermöglicht und den Boden dafür bereitet, dass sie eine eigenständige Persönlichkeit wurde.

In meiner Praxis lernte er, das alte Muster zu verlassen, sein Helfersyndrom abzulegen und sich auf seine eigenen Bedürfnisse zu konzentrieren. Dazu hat er Werteübungen gemacht, hat sich immer wieder fragen müssen, was ihm selbst wichtig ist und was er von seiner Zukunft erwartet. Er musste seine Rolle als Sohn in der Familie beleuchten, später seine Funktion in der Beziehung zu dieser Frau untersuchen und Schritt für Schritt lernen, sich neu zu definieren. Jahrelang hatte er für seine Geliebte immer nur das Portemonnaie gezückt und sich ausbeuten lassen.

Doch da er bereit war, intensiv an sich zu arbeiten, ging er nach rund vier Monaten mit einem gestärkten Selbstbewusstsein aus der einstigen Pleite hervor. Er gehörte zu den wenigen Männern, die sich und ihren Liebeskummer ohne eine neue Frau ertragen konnten. Statt sich gleich wieder in eine Beziehung zu stürzen, gestaltete er seine Wohnung um, verreiste mit seinen Kindern aus erster Ehe, kümmerte sich verstärkt wieder um sein Unternehmen und war bereit, die vergangene Liebe gründlich zu betrauern. Inzwischen ist Reinhard so weit, dass er sich eine etwaige neue Partnerin ganz genau ansieht und unterscheiden kann, ob sie tatsächlich ihn oder nur sein Geld und sein Helfersyndrom liebt.«

*»Liebeskummer kann eine ganz schlimme Krankheit sein«*

Wie aussichtslos die Liebe zu einer verheirateten Frau und Mutter sein kann, hat der damals 41-jährige David in dramatischer Form erfahren müssen. Er hat seine bitteren Erlebnisse von damals aufgeschrieben und uns zum Abdruck zur Verfügung gestellt. Hier sein erschütternder Bericht:

*Ich heiße David N. Seit einigen Jahren habe ich ein kleines Floristik-Studio in München-Schwabing. Durch eine Freundin lernte ich eine Frau kennen, die in meinem Alter war und sich für Floristik interessierte. Sie arbeitete mit viel Spaß in meinem Laden – und nach wenigen Tagen kamen wir uns dann auch näher. Wir trafen uns zum Essen, gingen in die Philharmonie, in den Englischen Garten, zum Konzert der Bee Gees und so weiter. Wir waren einfach total ineinander verliebt. Sie sagte: »Ich liebe dich« – und ich war im siebten Himmel. Ja, dachte ich, das ist die Frau, mit der man Pferde stehlen könnte. Ich schaute diese Frau nur an, und schon hatte ich ein wahnsinniges Gefühl in meinem Bauch. Ich nenne diese tolle Frau Ingrid.*

*So, in dieser wunderbaren Zeit bin ich ihr sogar in den Urlaub hinterhergereist, nur um in ihrer Nähe zu sein. Fast täglich gingen Liebesbriefe zwischen uns hin und her. Mit Bildern und den schönsten Worten, die man sich als verliebter Mensch nur denken kann.*

*Ich war solo, und sie war verheiratet. Und sie hatte drei Kinder. Nach wenigen Monaten kam Ingrids Mann natürlich hinter unser Geheimnis. Um ihre Familie zu retten, wurde beschlossen, unsere Liebschaft zu beenden. Ingrid und ich besprachen diese Situation bei mehreren Treffen. Mit vielen Tränen versuchten wir, voneinander loszukommen. Wir wollten ja vernünftig sein.*

*Für mich begann eine sehr schlimme Zeit. Ich durfte sie nicht mehr sehen oder anrufen. Ich saß manchmal bis zwei Uhr morgens in der Kneipe. Aber der Alkohol machte das alles noch schlimmer. Sie schickte mir eine Musik-Kassette »Mozart« mit dem Vermerk, das würde gegen Liebeskummer helfen. Als ich diese Musik hörte, konnte ich nur noch weinen.*

*Nach ein paar Monaten traf ich sie wieder. Durch Zufall. Sie nahm sich eine eigene Wohnung. Natürlich half ich ihr beim Renovieren. Eine ihrer Töchter zog mit in diese Wohnung. Der kleine Sohn war dann mittags auch bei ihr und abends beim Vater.*

*Nach drei Monaten wollte Ingrid von mir nichts mehr wissen. Ich hatte plötzlich wieder Liebeskummer. Vorher war es ein gemeinsamer Liebeskummer, aber von nun an war es mein eigener. Ich vernachlässigte mein Geschäft, war nicht mehr richtig ansprechbar. Ich ließ meine Lehrlinge im Geschäft alleine und flüchtete manchen Nachmittag auf mein Segelboot, um in Ruhe weinen zu können.*

*Nach ein paar Monaten traf ich Ingrid wieder. Wir hatten es geschafft, uns zum Essen zu treffen. Wir konnten nichts essen. Wir haben beide im Restaurant geweint und fuhren dann zu ihr.*

*Nach einiger Zeit merkte ich, dass sie sich wieder von mir entfernte. Sie traf sich wieder mit ihrem Ehemann.*

*Ich möchte hier das Ende dieser Geschichte nicht weiter beschreiben. Heute lebe ich zufrieden mit einer Frau zusammen und habe begriffen, dass Liebeskummer eine ganz schlimme Krankheit sein kann. In dieser Zeit habe ich wohl mehr geweint als in meiner ganzen Kindheit. Ich denke, dass man gegen Liebeskummer nichts machen kann. Man muss das wirklich durchleben. Aber es tut unwahrscheinlich weh. Um von allem loszukommen und wieder normal denken zu können, hat das mindestens ein Jahr gedauert.*

# Von Witwentröstern und Lückenbüßern

Wir haben gerade beleuchtet, dass Liebeskummer fast immer vorprogrammiert ist, wenn einer der beiden Partner liiert ist und sich zu keiner Entscheidung durchringen kann. Ähnlich ungünstig sind die Aussichten auf eine anhaltend harmonische Beziehung aber auch, wenn ein so genannter Witwentröster oder Lückenbüßer ins Spiel kommt.

Warum?

Ist der Typ, der immer genau nach dem Zerbrechen einer Beziehung oder gar nach dem Tod eines Partners auftaucht, nicht eigentlich ein Geschenk des Himmels? Er oder sie ist einfach da, abwartend, geduldig, hilfsbereit und gleichzeitig immer auf dem Sprung, maßgeschneidert die Position einzunehmen, die an der Seite des meist schon lange heimlich geliebten und bewunderten Menschen gerade frei geworden ist.

Der Grund, warum dieses scheinbar so passende Arrangement nicht funktionieren kann, ist ganz einfach: Das Ganze basiert nämlich auf einem handfesten Missverständnis: Der Liebeskummer-Kranke braucht in seiner seelischen Not nichts mehr als mitfühlende Freunde, die zu jeder Tages- und Nachtzeit zur Verfügung stehen und vor lauter Verständnis für die missliche Lage des Trostsuchenden die eigenen Bedürfnisse und Erwartungen hintanstellen. Diese Freunde sind immer da. Kennen jedes Geheimnis. Werden in jede Stimmungsschwankung eingeweiht und von jeder geheimen Sehnsucht unterrichtet. In ihrer Funktion als Zuhörer und Tröster werden sie immer unentbehrlicher, immer wichtiger. Nur – mit Liebe hat das leider nichts zu tun. Jedenfalls nicht aus Sicht desjenigen, der sich gerade mit dem Verlust eines Partners auseinander setzt und schonungslos nach jedem Strohhalm greift, der sich ihm bietet.

Der Tröster dagegen muss beinahe zwangsläufig davon ausgehen, geliebt zu werden oder doch wenigstens in Zukunft eine reelle Chance zu haben. »Wenn ich dich nicht hätte!« – »Ohne dich würde ich das alles nicht durchstehen.« – »Ich weiß gar nicht, wie ich das je wieder gutmachen kann.« – »Komm, halte mich mal ganz, ganz fest!« Solche und ähnliche Sätze sind an der Tagesordnung. Der Grad der seelischen und mitunter auch körperlichen Vertrautheit hat sein Maximum erreicht. Und da soll der klassische Lückenbüßer davon ausgehen, eines Tages entsorgt zu werden wie ein nicht mehr gebrauchtes Sofa, das auf der Straße landet, wenn die neue Couch geliefert ist?

Und sie wird geliefert. Glauben Sie uns! Nur nicht sofort, denn der Trauerprozess muss halbwegs abgeschlossen sein, ehe eine neue Bindung entstehen kann, die über den Charakter einer Eintagsfliege hinausgeht.

Tragischerweise wird dieser neue Partner fast nie der Mensch sein, der in Zeiten größter Not Händchen gehalten und sich selbst wieder und wieder zurückgenommen hat. Der Lückenbüßer wird den Nimbus des Trösters und Mitweiners nie wieder los. Immer wird man in seiner Gegenwart an Tränen und Kummer denken, nie aber an eine neue Liebe, an fröhliche Sexualität oder ausgeflippte gemeinsame Unternehmungen, die mit Leid rein gar nichts, mit Lebensfreude dagegen aber jede Menge zu tun haben.

*Dankbarkeit ist keine Basis für eine neue Liebe*. Wir Menschen ticken nicht so. Ganz andere Sinne und Sehnsüchte müssen angesprochen und aktiviert werden, damit aus einer zufälligen Begegnung mehr werden kann als eine nette Freundschaft.

Daher unser Rat: Trösten und streicheln und verstehen Sie, solange Sie wollen, wenn Sie sehen, dass jemand im Liebesleid liegt. Aber knüpfen Sie daran nicht die Hoffnung, am Ende des Kummers der Gewinner und der neue Lover oder die neue Geliebte zu sein. Jedenfalls nicht auf Dauer.

Ein bisschen Macho muss schon sein, wenn Sie erobern wollen. Oder ein bisschen Circe, wenn's um Verführen geht.

Sonst teilen Sie eines Tages das Los von *Jenny* (43). Wieder einmal solo. Wieder einmal nach langen Tröstungsorgien entsorgt. Und wieder einmal arbeitslos, weil sie nach dem letzten Heilungsversuch auch noch eine fristlose Kündigung erhielt.

*Jenny*:

»Dreimal bin ich an Männer geraten, die entweder gerade eine Scheidung oder eine Trennung hinter sich hatten. Ich habe sie aufgefangen, mit nach Hause genommen und für sie gekocht. Sie konnten bei mir erzählen, schimpfen, weinen und hinterher mit mir schlafen, wenn sie gerade Lust hatten. Nach der Arbeit kamen sie immer zu mir. Geknickt, ausgepowert, sexhungrig und verzweifelt. Ich kenne ihre Leidensgeschichten besser als meinen eigenen Lebenslauf. Alles habe ich mir angehört. Wieder und wieder. Ich habe ihre Wäsche gewaschen, ihre Hemden gebügelt, ihre Haare geschnitten und ihnen jeden Tag versichert, was für tolle Typen sie sind, die es wirklich nicht verdient haben, verlassen zu werden. Schritt für Schritt habe ich sie so wieder aufgerichtet – bis die Tränen getrocknet waren und sie den Kopf wieder über Wasser hatten. Da sind sie gegangen. Alle drei. Ohne ein Dankeschön. Der Letzte, für den ich acht Monate lang gearbeitet habe, hat mir gerade eine fristlose Kündigung geschickt. Weil er Angst hat, ich würde in der Firma seiner neuen Geliebten über den Weg laufen und ihr die Augen über ihn öffnen. Für mich steht nach diesen Erfahrungen fest: Lerne ich jetzt jemanden kennen, frage ich als Erstes, wie lange er schon solo ist. Ist es weniger als drei Monate, lasse ich die Finger davon. Trösterin war ich lange genug.«

# Wenn die Liebe im Dreieck springt

Dreiecksbeziehungen sind so alt wie die Menschheit selbst. Auf den ersten Blick scheinen sie für denjenigen, der gleichzeitig zwei Menschen liebt und mit beiden liiert ist, beneidenswert und ideal.

Es gibt wohl kaum einen Mann, der nicht zumindest zeitweise davon träumt, Liebesglück und Sex im Doppelpack erleben zu dürfen. Man(n) stellt sich das wie einen aufregenden Höhenflug der Sinne vor, der vor Verschleiß und gefühlsmäßiger Ermüdung schützt. Liebeskummer, so möchte man meinen, stellt sich also nur bei derjenigen Person ein, die von ihrer Nebenbuhlerin weiß und den Partner somit nicht alleine »besitzen« kann, sondern schmerzlich teilen muss.

Stimmt aber nicht, wie Silvia Fauck betont: »In meine Praxis, die ja ohnehin von wesentlich mehr Männern als Frauen aufgesucht wird, kommen immer wieder Hilfesuchende, die sich zwischen der Ehefrau und der Geliebten nicht entscheiden können und höllisch unter diesem Zwiespalt leiden. Sie sind keineswegs etwa doppelt glücklich, sondern eher zutiefst verzweifelt. Vor allem, wenn das Doppelleben schon länger anhält und sie keinen passablen Ausweg sehen.

Oft wird von mir verlangt, ich solle eine Entscheidung treffen. Ich soll den Männern raten, welche Partnerin sie verlassen und welche sie behalten sollen. Manche sagen aber auch: ›Am liebsten wäre es mir, meine Frau käme hinter mein heimliches Verhältnis und die beiden Frauen würden das Ganze dann untereinander regeln.‹

Ist die Existenz einer zweiten Partnerin schon publik geworden, führe ich mit allen Beteiligten Gespräche. Mal mit dem Klienten und seiner Ehefrau. Mal mit ihm und seiner Geliebten. Mal mit jeder der beiden Frauen allein. Gemeinsam versuchen wir dann, eine Art Schadensbegrenzung hinzukriegen. Vor allem aber geht es darum, diesen latenten Zustand der Ungewissheit zu beenden und eine Entscheidung zu treffen, denn sonst springt nicht nur die Liebe, sondern auch der Kummer im Dreieck.«

Eine solche Geschichte hat sich kürzlich in der Nähe von Wien zugetragen. Hier der dramatische Fall:

Sieben Jahre lang war der österreichische Ingenieur *Alfred* gleichzeitig mit zwei Frauen liiert. Mit *Mona* (34) war er verheiratet und hatte zwei Kinder. *Clara*, seine Geliebte, träumte von einer eigenen Ehe und machte ihm ständig die Hölle heiß, er möge sich endlich zu ihr bekennen. Drei Jahre lang gelang es Alfred, seine Liebschaft, die sich praktischerweise in einer anderen Stadt abspielte, vor Mona geheim zu halten. Die Bombe platzte durch jenen dummen Zufall, den wir alle eigentlich nur aus billigen TV-Produktionen kennen: Mona fand beim Reinigen von Alfreds Anzug eine Rechnung für ein Doppelzimmer in ausgerechnet jenem Hotel, in dem sie mit ihrem Mann einst die Hochzeitsnacht verbracht hatte. Somit mussten diesem nicht nur leichtfertige Dummheit, sondern auch Phantasielosigkeit und Geschmacklosigkeit bescheinigt werden.

Das Drama war perfekt: Mona hatte Liebeskummer, weil sie sich verraten und betrogen fühlte und sicher war, Alfred nie wieder vertrauen zu können. Clara war zutiefst gekränkt, weil Alfred in diesem ganzen Durcheinander nicht zu ihr hielt, sondern ihr vorwarf, sie habe besagte Hotelrechnung nicht vernünftig entsorgt. Alfred selbst kam mit den massiven Vorwürfen von beiden Seiten überhaupt nicht klar, sondern ging erst einmal auf eine längere Geschäftsreise, um – wie er später sagte – seinen »Kummer zu sortieren«.

Das Ende vom Lied? Mona und Clara hatten eine Aussprache. Statt sich gegenseitig die Augen auszukratzen, fanden sie sich überraschenderweise auf Anhieb sympathisch. Es klingt wie der Groschenroman aus der Feder einer emanzipierten Autorin: Als Alfred von seiner Reise zurückkam, durfte er seine Sachen packen und sich eine neue Bleibe suchen, denn Clara war gerade dabei, zu Mona ins Haus zu ziehen.

Das Ganze spielte sich vor gut drei Jahren ab. Clara hat inzwischen einen Kollegen von Alfred geheiratet. Sie erwartet ihr erstes Kind. Sie und ihr Mann bauen gerade ein Haus. Wenn das fertig ist, zieht Clara um. Sie hat all die Jahre bei Mona gelebt und in ihr eine gute Freundin gefunden.

Mona und Alfred sind geschieden. Alfred ist noch immer allein. Mona ist mit einem acht Jahre jüngeren Mann liiert, von dem sie seit kurzem schwanger ist. Sie sagt: »Clara ist das Beste, was uns allen passieren konnte. Ohne sie wäre ich nie von Alfred losgekommen. Was hätte ich an Glück alles versäumt!«

## Unterschiedliche Erwartungen führen unweigerlich zu emotionalem Stress

Genauso unausweichlich wie in der Dreiecksbeziehung ist Liebeskummer, wenn die Partner von der Bindung etwas Unterschiedliches erwarten und nicht gleich von Anfang an darüber gesprochen haben. Auf die häufigsten »Missverständnisse« sind wir in der Einleitung bereits ausführlich eingegangen.

Aber auch aus zunächst ähnlich gelagerten Erwartungen kann sich im Laufe der Zeit das größte Leid entwickeln, wenn sich bei einem der beiden die Gefühlslage oder die Endziele ändern.

Wie unterschiedlich und mitunter geradezu konträr die Erwartungen sind, die an die Beziehung und den Partner gestellt werden, beweisen folgende Interview-Mitschnitte, die Silvia in ihrem direkten Bekanntenkreis gemacht hat. Bei einer gemeinsamen Frühstücksrunde stellte sie ihren sechs Freunden spontan die Frage: »Was wünscht ihr euch von eurem Partner?«

Hier die wortgetreuen Antworten:

*Zarah* (33), erfolgreiche Imageberaterin, sechs Monate lang mit Mike liiert und seit vier Wochen von ihm getrennt:

»Ich wünsche mir von meinem Partner die ultimative Freiheit und möchte eine intime Beziehung nicht als Gefängnis empfinden. Liebe heißt für mich absolutes Vertrauen. Das setze ich einfach voraus. Deshalb kann es für mich auch keine Eifersucht geben. Ist mein Partner dagegen eifersüchtig, werde ich damit nicht fertig. Das macht schon wieder Druck. Ist wie ein Gefängnis.«

*Mike* (45), selbstständiger Kaufmann, von Zarah getrennt:

»In einer intakten Beziehung hat hundertprozentiges Vertrauen oberste Priorität. Die Partnerschaft muss mir Kraft geben und darf mich nicht auslaugen. Sie darf nicht an mir zehren, sondern muss mich motivieren für den Alltag. Ich wünsche mir auf beiden Seiten Kompromissbereitschaft, wodurch die Liebe erhalten wird, und dass beide Partner an dieser Beziehung arbeiten, damit sie Bestand hat. Es kann nicht sein, dass einer der beiden alles darf und der andere nichts. Das muss Hand in Hand gehen, so dass keiner auf der Strecke bleibt. Nur so ist und bleibt es Liebe.«

*Eva* (25), Studentin, seit zehn Monaten mit Luigi zusammenlebend:

»Ich wünsche mir einen Mann, der durchaus eifersüchtig sein darf, weil das für mich ein Zeichen dafür ist, dass er mich liebt. Ich brauche körperliche Nähe. Möchte in den Arm genommen werden. Vor allem abends, wenn der Mann von der Arbeit kommt. Dann weiß ich, dass ich gebraucht werde. Ich wünsche mir viel gemeinsame Zeit und dulde es nicht, wenn mein Partner am Wochenende nur mit seinen Freunden rumhängt. Ich möchte aber auch nicht ständig ausgehen, sondern brauche vielmehr ein richtiges Nest.«

*Luigi* (37), Unternehmer, Lebensgefährte von Eva:

»Ich brauche eine selbstständige, attraktive Partnerin, die mir viel Freiheit lässt. Sie muss in der Lage sein, mit sich selbst Zeit zu verbringen. Trotzdem wünsche ich mir eine feste Partnerschaft, in der aber jeder seinen eigenen Freiraum hat. Ich möchte abends gerne gefragt werden, wie mein Tag war, was im Büro, bzw. in der Firma gelaufen ist. Ich brauche Anerkennung dafür, dass ich den ganzen Tag lang etwas geleistet habe.«

*Paul* (35), Zahnarzt, Single:

»Ich wünsche mir eine Beziehung, in der sich alles mit Leichtigkeit ergibt, in der alles unkompliziert ist. Das kann man nicht an einzelnen Dingen festmachen. Es passt entweder oder nicht. Eine Liebe bedeutet für mich, dass ich natürlich keinen Bock auf eine Frau habe, die ständig eifersüchtig ist. Zum Beispiel auch auf meine Freunde. Ich möchte mich nicht in irgendeiner Beziehung einschränken müssen. Für eine Frau, die mir wenig bedeutet, muss ich mich nicht verbiegen. Leider habe ich immer nur das Gegenteil einer echten Liebe im Angebot. Deshalb kann ich auch nur sagen, wie es nicht funktioniert. In einer guten Beziehung muss Fluss drin sein. Man muss sich gerne sehen, ohne sich gegenseitig auf den Sack zu gehen. Vieles muss zusammenpassen. Gemeinsam entweder früh aufstehen oder spät. Morgens muffelig sein oder fröhlich. Wenn es auf der persönlichen Basis stimmt, stimmt es auch auf der gesellschaftlichen. Ich muss nicht irgendeine Au-pair-Maus als langfristige Beziehung einplanen. Mit ihr kann ich Spaß haben. Damit habe ich kein Problem. Aber mehr eben auch nicht. Ich brauche jemanden, der auf eigenen Beinen steht. Ich habe keinen Bock, immer derjenige zu sein, der sich den ganzen Tag lang den Buckel krumm schuftet, damit sich Madam Gucci-Schuhe kaufen kann.«

*Cara* (32), Eventmanagerin, Single:

»Als oberste Priorität wünsche ich mir einen Partner, der fest im eigenen Leben steht. Einen Mann mit Niveau. Ich möchte einen Mann, der die Liebe und die Partnerschaft als ein Fundament sieht, denn ich möchte eine Familie haben. Mein zukünftiger Partner muss sich in der Öffentlichkeit neben mir zeigen können. Ich selbst bin schließlich nicht ganz unbekannt. Daher kann ich keinen Menschen gebrauchen, dem meine Popularität unangenehm ist und der sich hinter mir versteckt. Er muss die gleichen breiten Schultern haben wie ich. Er muss mir meinen nicht unbedeutenden Job gönnen und das auch honorieren. Er muss stark genug sein, meinen Erfolg zu ertragen. Ich möchte andererseits emotional von ihm geführt werden, weil ich eigentlich ein schüchterner Mensch bin, der seine ganze Power durch den Job nach außen trägt. Im privaten, verborgenen Kämmerlein dagegen möchte ich mich anlehnen können und davon ausgehen, dass der andere auch mal eine Entscheidung trifft. Also genau genommen sehne ich mich nach der klassischen Mann-Frau-Rolle.«

Das nun folgende Fallbeispiel, das sich wie eine Sequenz aus der Fernsehserie *Unter weißen Segeln* liest, aber natürlich genauso authentisch ist wie alle anderen, zeigt ebenfalls, wie sehr die jeweiligen Erwartungen auseinander driften können.

Zunächst kam *Tina* (44) in die Liebeskummer-Praxis. Ihr Problem: Sie konnte sich nicht zwischen ihrem Ehemann *Rolf* und ihrem langjährigen Geliebten *Sven* entscheiden. Schickte Sven nach einem heimlichen Treffen nicht sofort eine glutvolle SMS, zweifelte Tina an seiner Liebe und machte ihm die Hölle heiß. Andererseits war sie aber auch nicht bereit, sich endgültig von ihrem Mann und ihrem erwachsenen Sohn zu trennen.

Silvia coachte die Hilfesuchende und baute deren Selbstvertrauen systematisch wieder auf. Mit durchschlagendem Erfolg, denn plötzlich beschloss Tina, alleine Urlaub zu machen. Für Sven eine Katastrophe, denn er hatte gerade seiner Frau und seiner Tochter alles gebeichtet und die ersten Vorbereitungen für die Scheidung eingeleitet.

Nun war er es, der in seiner Verzweiflung die Liebeskummer-Praxis kontaktierte und Silvia sein Leid klagte: Tina war tatsächlich allein nach Kreta geflogen, war aber in ständigem Telefonkontakt mit ihrem Noch-Mann Rolf. Dieser hatte sich ebenfalls wieder gebunden und war zur gleichen Zeit mit seiner neuen Freundin *Bea* auf einer Kreuzfahrt im Mittelmeer unterwegs.

Nach mehreren Telefongesprächen zwischen den Eheleuten ging Rolf bei Kreta von Bord, ließ seine Freundin auf dem Kreuzschiff sitzen und söhnte sich mit seiner Frau aus. Für Sven und seine Pläne mit Tina war das das endgültige Aus. Sein einziger vermeintlicher Trost: Bea, die ehemalige Freundin von Rolf, hatte ihm anvertraut, dieser sei im Bett eine Niete, völlig passiv. Das ließ Sven triumphieren – und hoffen. Er war überzeugt, Rolfs mangelnde Qualitäten als Liebhaber würden Tina schon bald in seine Arme zurücktreiben. Dieser Wunsch ist jedoch bis heute nicht in Erfüllung gegangen. Im Gegenteil.

Dazu Silvia: »Tina und Rolf sind auch heute noch zusammen. Ihre Ehe funktioniert besser denn je. Wohl auch deshalb, weil beide Partner eine andere Beziehung hatten und sich daher gegenseitig keine Vorwürfe machen können. Sven dagegen hat seine ganze Enttäuschung darüber, dass seine Geliebte zu ihrem Mann zurückgekehrt ist, nun auf mich projiziert. Seiner Meinung nach bin ich an allem schuld, weil ich Tina so intensiv gecoacht habe, dass sie einen regelrechten Höhenflug der Unabhängigkeit und des Selbstbewusstseins erlebt hat.«

Dieses Beispiel für eine der vielen Spielarten der Liebe und des Liebeskummers zeigt: Ein längst uninteressant gewordener Partner kann plötzlich wieder hoch begehrt sein, wenn sich ein anderer Mensch für ihn interessiert – wie Bea sich für Rolf und Rolf sich hinwiederum für Tina. Nach dem Motto: Ich will ihn oder sie zwar nicht mehr, aber ein anderer / eine andere soll ihn oder sie auch nicht haben – wie wir in dem Kapitel »Konkurrenz belebt das Geschäft« bereits dargelegt haben.

# Männer und Frauen trauern unterschiedlich

Um keine Missverständnisse aufkommen zu lassen, vorab ein klärendes Wort: Wenn wir hier von dem typischen trauernden Mann und der typischen trauernden Frau sprechen, dann beschreiben wir das geschlechtsspezifische Normverhalten und nicht den Einzelfall. Uns ist sehr wohl bewusst, dass es immer wieder Ausnahmen gibt. So kann ein Mann, dessen Persönlichkeit viele weibliche Anteile aufweist, durchaus ein Trauerverhalten zeigen, das eher weiblich als männlich anmutet. Umgekehrt ist das genauso. Auch wollen wir seine und ihre Trauer nicht dahingehend werten, wessen Gefühle tiefer, echter oder ehrenwerter sind.

Untersuchen wir stattdessen, wie sich die Klienten verhalten, die in der Liebeskummer-Praxis Hilfe suchen.

Silvia: »In der Regel ist es so, dass Frauen mit mir ihre Trauer bearbeiten wollen und dass wir nach langer Zeit, wenn es seelisch passt, gemeinsam Schritt für Schritt das Selbstwertgefühl und das Selbstvertrauen wieder aufbauen. Im Allgemeinen möchten diese Frauen zunächst keinen neuen Partner haben. Eher wollen sie, auch wenn die Trauer allmählich nachlässt, noch eine Weile alleine sein, um Luft zu holen und sich über sich selbst klarer zu werden. Sie möchten Zeit und Raum gewinnen und lassen sich bereitwillig auf ein längeres Coaching ein, weil sie über sich und das Leben etwas lernen möchten. Sie wollen stark sein und nicht wieder in alte Muster rutschen. In einer neuen Beziehung, die vielleicht irgendwann kommt, wollen sie nicht wieder so abhängig sein wie vorher. Ihnen ist es vielmehr wichtig, sich dann weiterhin mit ihren Freundinnen treffen zu können und vor allem nicht wieder die gleichen Fehler zu machen, die ihrer Meinung nach zum Scheitern der vorausgegangenen Beziehung geführt haben.

Bei Männern ist das ganz anders. Sie kommen in die Praxis und nutzen zunächst jede freie Minute von mir. Rufen zu jeder Tages- und Nachtzeit an. Kommen am liebsten zweimal in der Woche. Sprechen mir in ihrer Not zu jedem beliebigen Zeitpunkt die Bänder des Anrufbeantworters voll und sind in ihrer Trauer völlig aufgelöst. Für sie, die Vertreter des starken Geschlechts und nicht selten gestandene Geschäftsleute, bricht eine Welt zusammen. Die Schuld daran suchen sie jedoch meistens nicht bei sich selbst, sondern bei anderen. Das hört sich dann beispielsweise so an:

›Meine Frau hat mich verlassen. Der Neue vögelt sicherlich besser als ich.‹ (Interessanterweise ist es in sechs Jahren Praxis nicht ein einziges Mal vorgekommen, dass eine Frau mir anvertraut hat, sie habe ihren Mann verlassen, weil der Neue im Bett mehr geleistet hat.)

Auffallend ist, dass es den zutiefst verzweifelten Männern plötzlich abrupt wieder besser gehen kann. So kam ein Klient von heute auf morgen nicht mehr in die Praxis. Als ich ihn telefonisch nach dem Grund fragte, lautete die Antwort: ›Ich habe jemanden auf der Rolltreppe in einem Kaufhaus kennen gelernt.‹ Ich fragte: ›Schlafen Sie denn mit ihr?‹ Ohne zu zögern: ›Ja!‹ ›Warum?‹, wollte ich wissen. ›Sie lieben sie doch gar nicht.‹ – ›Nein, aber das tut mir gut.‹«

Das akute Trauern kann bei einem Mann – zumindest vorübergehend – in dem Moment aufhören, in dem ihn eine andere, neue Frau anlacht. Das baut sein Selbstwertgefühl auf und bringt seine aus den Fugen geratene Welt wieder ins Gleichgewicht. Der Sex mit der Neuen, die gerne idealisiert wird, ist ein willkommener Trost. Er befriedigt das Urbedürfnis nach Haut, Wärme, Geborgenheit und Nähe, auch wenn der gerade verlassene Mann in der ersten Phase meistens außer einer hochaktiven Sexualität emotional nicht viel zu bieten hat.

Hat sich nicht gleich wieder eine intime Beziehung ergeben, erweisen sich viele Männer als Weltmeister im Verdrängen. Silvia: »Nicht selten kriegen diese Männer mit Mitte fünfzig einen

Herzinfarkt, weil sie jahrelang vor sich, den eigenen Gefühlen, dem Leid und dem Stress davongelaufen sind. Sie laufen in die Firma, ins Unternehmen, laufen danach zum Joggen, bestreiten Weltmeisterschaften im Sport und definieren sich nur über Leistung und Erfolg. Einen anderen Mann, der untätig herumsitzt und um eine Frau trauert, bezeichnen sie abfällig als ›Weichei‹. Dabei wäre es für ihre seelische Entwicklung gut, wenn sie wenigstens einmal in ihrem Leben wirklich trauern würden – um den Tod der Eltern, den Verlust einer Geliebten oder Ähnliches. So aber lassen sie immer wieder den harten Kern heraushängen, obwohl sie längst nicht so hart sind, wie sie eigentlich sein wollen.

Viele Männer empfinden den Verlust einer Partnerin als persönliches Versagen. Mit ein Grund, warum sie am liebsten mit niemandem über ihren Schmerz reden. Aus Angst, ihr Gesicht zu verlieren, fressen sie alles in sich hinein – oder kommen in meine Liebeskummer-Praxis. Da können sie das Geld auf den Tisch legen und davon ausgehen, dass es meine Pflicht und mein Job ist, ihnen zuzuhören.«

Auf den ersten Blick sieht es so aus, als hätten es Frauen beim Trauern leichter. Weil sie jedem, der es hören will oder auch nicht, von ihren Gefühlen erzählen. Weil sie ihr Leid mit anderen teilen. Sie sprechen mit der Mutter, den Freundinnen und Kolleginnen. Über einen langen Zeitraum gibt es kein anderes Thema für sie.

Das italienische Fachblatt *Riza Psicosomatica*[3] veröffentlichte im vergangenen Jahr eine repräsentative Umfrage, der zufolge Frauen mit dem Ende einer Beziehung häufig besser zurechtkommen als ihre Partner. 36 Prozent der Männer zwischen Mitte dreißig und Mitte fünfzig, aber nur 20 Prozent der gleichaltrigen Frauen gaben an, vor Liebeskummer schon einmal richtig krank und dadurch auch arbeitsunfähig gewesen zu sein.

Leiden Männer also mehr als Frauen?

Die italienische Psychologin Angela Mocciola[4] hat obige Umfrage etwas genauer unter die Lupe genommen und ist dabei zu folgendem Schluss gekommen: Verlassene Männer sind nicht unbedingt empfindsamer als Frauen, sondern leiden deshalb so intensiv, weil sie in zwei Drittel aller Fälle das Ende der Beziehung nicht haben kommen sehen. Mocciola: »Frauen spüren viel eher, wenn in einer Partnerschaft nicht mehr alles rund läuft und stellen sich dann innerlich auf eine etwaige Trennung ein. Viele Männer verschließen dagegen die Augen und wollen schleichende Veränderungen in der Liebe nicht wahrhaben. Das Aus trifft sie dann wie ein Blitz aus heiterem Himmel.«

Und noch etwas ergab diese Umfrage: Liebeskummer ist für die meisten Männer »das Gefühl, von der Liebsten veräppelt worden zu sein«. Frauen leiden, weil sie sich »verlassen fühlen«.

Gerade weil sich Männer häufig grund- und schuldlos verschaukelt vorkommen, halten sie ihren Kummer so sorgfältig unter Verschluss, denn er kommt in ihren Augen einer persönlichen Blamage gleich. Oder können Sie sich einen erfolgreichen Mann vorstellen, der zu seinem Chef sagt: »Sorry, ich bin heute nicht so gut drauf. Wissen Sie, meine Freundin hat mich gerade verlassen.« – Undenkbar! Diese vermeintliche »Blöße« würden sich die meisten Männer nicht geben.

Silvia: »Dabei wäre es wunderbar und heilsam, wenn Männer über ihre Gefühle sprechen und sie zeigen würden. Es würde ihnen dabei helfen, herauszufinden, warum ihre Beziehung gescheitert ist. Doch dieses Hingucken fällt ihnen genauso schwer wie das Alleinsein. Es scheint so viel einfacher, sich mit einer neuen Frau zu trösten, als die Gründe für ein vorausgegangenes Fiasko aufzuarbeiten.«

Doch das ist nicht der einzige Grund, warum sich das starke Geschlecht nach einer Trennung meistens viel schneller wieder mit einer anderen Frau tröstet. Es ist hinreichend bekannt, dass sich Männer viel schwerer damit tut als Frauen, sich ein Leben ohne Partnerin einzurichten. Den meisten hat niemand beigebracht, sich selbst zu versorgen und die Verantwortung für das eigene Wohlergehen zu übernehmen.

Der Nesttrieb, der jeder Frau in die Wiege gelegt wurde und

gerade während der Trauerphase so hilfreich sein kann, wurde Männern genetisch nicht mitgegeben. Studien von großen Lebensversicherungen haben gezeigt, dass die Lebenserwartung eines Mannes, der verwitwet ist oder geschieden bzw. verlassen wurde, deutlich sinkt, wenn er sich nicht bald nach dem Schock wieder bindet. Bei Frauen ist das nicht so. Schon gar nicht, wenn sie mit Kindern zurückbleiben und dafür sorgen müssen, den Söhnen und Töchtern und damit letztendlich auch sich selbst das Leben wieder lebenswert und schön zu machen.

Bei ihrer Arbeit in der Liebeskummer-Praxis und ihrem höchstpersönlichen Liebesdrama hat Silvia ein weiteres interessantes Phänomen beobachtet, bei dem sich das Verhalten von Männern und Frauen deutlich unterscheidet. Silvia: »Wenn ein Mann seine Partnerin wegen einer anderen Frau verlassen hat und nun allen das große Glück vorspielt, bleibt er häufig trotzdem weiterhin in Kontakt mit seiner Verflossenen. Er schickt ihr Blumen, Briefe und andere Dinge. Aber all das geschieht hintenherum, heimlich. ›Er kann nicht loslassen‹, erklärten mir andere Männer dieses Verhalten. ›Er hat einfach Mitleid oder ein schlechtes Gewissen.‹ Und: ›Er traut sich den endgültigen Bruch nicht zu. Will sich noch eine Art Hintertürchen offen halten.‹ Oft fragt ein solcher Mann gemeinsame Freunde, wie es der Ehemaligen denn geht. Es ist auch der neuen Partnerin gegenüber unehrlich und feige, dass er bei der alten noch heimlich rummauschelt und den Kontakt aufrechterhält.

Dieses Verhalten zeugt einerseits von Schuldgefühlen, aber andererseits auch davon, dass sich der betroffene Mann erst jetzt, in den Armen einer neuen Frau, sicher genug fühlt, um die zu Bruch gegangene Beziehung anzugucken und vielleicht sogar nach den Gründen für das Scheitern zu forschen. Frauen sind da viel direkter. Die rufen den Ex an, schlagen ein Treffen in einem Café vor und fragen rundheraus: ›Wie geht es dir eigentlich? Kommst du klar?‹«

Nachfolgend zwei Fallbeispiele für das »typisch männliche« (Sexual-)Verhalten nach bzw. kurz vor einer Trennung:

*Günther*, ein 34-jähriger Lehrer, kam im Januar in die Liebeskummer-Praxis. Er hatte gerade mit seiner langjährigen Freundin *Lena* bei seinen Eltern wunderbare Weihnachten gefeiert. Die Eltern hatten das Mädchen endgültig akzeptiert und ihm zum Fest eine Perlenkette geschenkt. Erstmalig war von einer gemeinsamen Wohnung und der Gründung einer Familie die Rede. Alles wurde genau festgelegt und strukturiert, die Kosten aufgelistet und die Verantwortlichkeiten verteilt.

Von der Silvesterfete ging Günther, der zu viel getrunken hatte, vor seiner Freundin nach Hause. Die erschien erst am nächsten Morgen und gestand weinend, sie habe sich von einem anderen Mann küssen lassen, und das täte ihr unendlich Leid. Die Beziehung wurde noch zwei Wochen lang weitergeführt. Dann erklärte Lena plötzlich, sie brauche mehr Zeit für sich.

Silvia: »Wenn dieser Spruch kommt, rate ich allen Klienten zur Trennung, denn dann ist erfahrungsgemäß alles zu spät, weil es längst gebrannt hat, weil längst eine dritte Person im Spiel ist.«

So war es auch in diesem Fall: Schon bald stellte sich heraus, dass Lena bereits vor Weihnachten eine neue Bindung eingegangen war und nun das Ende der Beziehung wollte.

Günther war am Boden zerstört. Zwei Monate lang konnte er in der Liebeskummer-Praxis vor lauter Schluchzen kaum sprechen. Fast jede Nacht rief er an und sprach seine Verzweiflung auf Band. Doch nach zwei Monaten war plötzlich Funkstille. Er kam nicht mehr in die Praxis, weil er ein neues Mädchen gefunden hatte, das ihn tröstete.

Bedeutsam im Zusammenhang mit dieser zunächst abgrundtiefen Trauer waren die Lebensumstände von Günther: Er war ein Adoptivkind, das von massiven Verlustängsten geplagt war. Zuvor hatte er die Mädchen immer wie Dreck behandelt – bis er Lena traf. Und die drehte den Spieß dann um.

Der nächste Fall:

In die Liebeskummer-Praxis kam *Sonja* (29). Sie war mit *Rainer* zusammen, einem sprunghaften Typen, der ständig Schulden hatte. Mehrfach machte sie deshalb Schluss mit ihm, aber Rainer stand immer wieder vor der Tür und hielt sie auf »stand by«. Bis bekannt wurde, dass er längst eine neue Frau – mit Geld! – hatte, die ihn entschuldete.

Sonja verzweifelte an dem ständigen Hin und Her und wusste nicht mehr weiter. Doch dann erfuhr sie, dass diese andere Frau, die eigentlich nur als eine Art Sparkasse gedacht war, ein Kind von Rainer erwartete. Nun war er der Gelackmeierte, der Gefangene und Bestrafte, weil er, der stets auf seine Freiheit gepocht hatte, aus der Nummer nicht mehr herauskam.

Sonja dagegen nahm Silvias Coaching und ihre Ratschläge an, arbeitete an sich und traf zu einem Zeitpunkt, als sie das eigentlich weder wollte noch erwartete, urplötzlich Mister Right. Heute geht es ihr super. Sie lässt sich dennoch weiterhin coachen.

Nun ein ganz anderes Beispiel aus Silvias Bekanntenkreis. Silvia:

»Mein ehemaliger Chef erzählte mir, dass er zwischen jeder Frau in seinem Leben vier Jahre gebraucht hat, um wieder zu sich selbst zu finden. Erst wenn er morgens in seinem eigenen Bett quer liegend aufwachte, war er geheilt. Die Wohnung war dann wieder ganz seine Wohnung, und er war bereit für eine neue Beziehung.«

Schauen wir uns nun den recht typischen Fall einer Frau an, die von ihrem Partner verlassen wurde.

Silvia: »*Sabine* hat die ersten fünf Monate ausschließlich geweint und total an sich gezweifelt. Sie blieb nur aus Pflichtgefühl am Leben, holte sich aber psychologische und auch medizinische Hilfe. Zweimal musste sie – von Angst und Panik getrieben – für eine Nacht ins Krankenhaus. Ihr Kummer ließ lange nicht nach. Dennoch schaffte sie es, sich eine neue Wohnung zu suchen und eine neue Tätigkeit anzunehmen, denn das Leben ging schließlich weiter. Einen neuen Partner gab es auch mehrere Jahre nach der Trennung für sie nicht, denn ihr Herz war dafür einfach noch nicht frei genug, auch wenn der Wunsch nach einer neuen Liebe natürlich bestand. Ich habe übrigens noch nie einen Menschen in meiner Praxis gehabt – egal, ob männlich oder weiblich –, der nicht lieber in einer Zweierbeziehung leben würde, als allein zu sein.

Sabine konnte zwar nach einem Jahr wieder lachen und Spaß mit Freunden und Bekannten haben, aber die Phase der Trauer war und ist noch nicht abgeschlossen. Das kann noch lange dauern.«

Hier noch ein dramatischer Fall aus der Schweiz: »*Monika*, damals Anfang vierzig, wurde nach fünfzehn Jahren von ihrem Partner verlassen. Das gemeinsame Haus wurde verkauft, weil der Mann zu seiner neuen Freundin ziehen wollte. Monika fiel in eine schwere Depression, musste acht Wochen lang in einer psychosomatischen Klinik behandelt werden und wurde schließlich auf eigenen Wunsch trotz aller Anzeichen einer tiefen Psychose entlassen. In ihrer Wohnung stapelten sich ungelesene Zeitungen. Sie kam nur noch zum Schlafen nach Hause. In ihrem Bürojob funktionierte sie wie ein Roboter, mechanisch, seelenlos. Sie wurde immer dicker und kontaktärmer. Über ihrer Schreibtischlampe hing als ›Heilungshinweis‹ – wie sie selbst es nannte – ein riesiger Zettel mit den Worten: ›Ich will das Arschloch nicht mehr haben!‹

Traf Monika wirklich einmal eine Verabredung mit Freunden, begrüßte sie diese grundsätzlich mit den Worten: ›Der Tag ist wieder mal beschissen!‹ Ein Adjektiv, für das sie ständig neue Verwendung fand.

Auch heute, rund zehn Jahre später, hat Monika das Lachen noch nicht wieder gelernt. Sie weiß mit Bestimmtheit nur eins: ›Mir kommt kein Mann mehr ins Haus!‹«

Dieses Beispiel macht deutlich, dass sich das an sich so notwendige Trauern auch verselbstständigen und zum einzigen (Über-)Lebenszweck werden kann. Es ist eine Gratwanderung: Wenn der Betroffene beginnt, sich in der Traurigkeit wohl zu fühlen, sich in ihr regelrecht zu suhlen, sollten alle Alarmglocken läuten. Hier ist professionelle Hilfe unerlässlich.

# Verlassen und Verlassenwerden – ein himmelweiter Unterschied

Wir haben es bereits etabliert: So ganz aus heiterem Himmel kommt die Trennung in den meisten Fällen nicht. Bei genauem Nachforschen und Hingucken lassen sich später meist doch erste Anzeichen dafür entdecken, dass in der Beziehung etwas nicht mehr gestimmt hat. Und dennoch: Die wenigsten Trennungen geschehen im gegenseitigen Einvernehmen, nach reiflicher Überlegung auf beiden Seiten und ähnlicher Gefühlslage der Partner.

Meistens gibt es einen Verlassenden und einen Verlassenen – ein himmelweiter Unterschied, den wir uns einen Moment lang anschauen wollen. Der Partner, der als Erster aus der Beziehung aussteigt, tut das normalerweise nicht von heute auf morgen. Er hat diesen Schritt gründlich überlegt und vorbereitet. Er weiß nicht nur, mit welchen Worten er seine Entscheidung begründen wird, sondern auch, wie es danach für ihn weitergeht.

Ist bereits eine dritte Person im Spiel, kann es durchaus vorkommen, dass der Verlassende lediglich umzieht – zu dem neuen Partner oder der neuen Partnerin. Das Organisatorische ist zum Teil bereits geregelt. Vieles wurde vorbereitet, damit das Ganze möglichst reibungslos über die Bühne geht.

Mehr noch: Wer als Erster geht und den Partner verlässt, hat Zeit gehabt, sich innerlich von ihm und den einst gemeinsamen Vorstellungen und Zielen zu verabschieden. Sein Trennungsschmerz – wenn er denn dank der bereits vorhandenen dritten Person überhaupt so genannt werden darf – hat schon eine andere Phase erreicht. Der Verlust des ehemaligen Partners wird nicht mehr verleugnet, sondern bewusst und gewollt angenommen – ein gewaltiger Vorteil.

Aber auch, wenn der Trennung eine lange Phase des Frustes und der Zweifel vorausgegangen ist und kein neuer Partner im

Spiel ist, ist derjenige besser dran, der den ersten Schritt tut. Weil ihm zumindest der Schock und die ungläubige Erstarrung erspart bleiben.

Der Verlassene dagegen wird von dem Geschehen völlig überrumpelt. Für ihn kommt alles auf einmal: der Schock, die Angst, die Verzweiflung, das Alleinsein, der Liebeskummer, die Selbstvorwürfe, die Schuldgefühle, das Abstürzen des Selbstwertgefühls und besonders die quälende Frage: Warum?

Vor allem jene Menschen, die den Partner zum absoluten Lebensmittelpunkt und zum Lebenszweck gemacht haben, verlieren mit der plötzlichen Trennung die eigene Identität. Sie fühlen sich wert- und nutzlos, wie weggeworfen, zum Untergang verdammt.

Dabei hängt das Ausmaß des Liebeskummers aber auch von den äußeren Lebensumständen ab. Ist der Liebeskranke auch noch arbeitslos, stürzt er ins Bodenlose. Die Tage ohne berufliche Anforderungen dehnen sich zu Ewigkeiten. Aber auch das Fehlen eines sozialen Netzes wirkt sich nun verhängnisvoll aus. Da ist niemand, mit dem man reden kann. Niemand, den man anrufen und zu sich bitten kann. Niemand, der einen auffängt und trägt oder aus der Isolierung herausholt. Schlimm, wenn darüber hinaus der Kontakt zu Eltern und Geschwistern gestört oder abgebrochen ist. Dann kann das Gefühl des Mutterseelenalleinseins entsetzliche Dimensionen annehmen.

Am Anfang dieses Buches hat Silvia ganz offen über ihre dramatische Trennung und deren Auswirkungen auf ihre Seele berichtet. An dieser Stelle – dazu habe ich mich nach längerem Zögern durchgerungen – möchte ich mit unseren Lesern einige Szenen aus meinem Leben teilen. Ich möchte beschreiben, dass der Unterschied zwischen Verlassen und Verlassenwerden in der Tat himmelweit ist, denn beides ist mir im Abstand von wenigen Jahren selbst widerfahren.

Beginnen wir mit der – für mich – einfachen Variante:

*Florian und ich gratulierten uns am Anfang immer gegenseitig, weil wir glaubten, füreinander die berühmte Nadel im Heu-*

*haufen gewesen zu sein, die ja bekanntlich nicht einfach zu finden ist. Es passte alles so schön. Das Alter, die Kinder, die Interessen, der gemeinsame Humor, die Freude am Wandern, am Tennisspiel und am Job. Seine Arbeit als Fotograf und meine als Journalistin – das allein schien schon ein prächtiges Fundament für anhaltende Glückseligkeit.*

*Übersehen hatten wir nur eine »winzige Kleinigkeit« – nämlich völlig unterschiedliche Erwartungen, die wir an die ansonsten so perfekte Beziehung stellten: Florian wollte so schnell wie möglich mit mir zusammenziehen, während ich nach dem Motto: »Zwei Dächer, vier Zahnbürsten« in getrennten Behausungen glücklich zu bleiben hoffte.*

*Eine Weile ließ sich der Konflikt durch fröhliche Aktivitäten und heiße Küsse zudecken. Aber er meldete sich hartnäckig immer wieder zurück. Florian fühlte sich ausgegrenzt und warf mir vor, eine unverbesserliche Glucke zu sein, während ich mir bedrängt vorkam und ihm vorhielt, er wolle lediglich versorgt werden.*

*Das Ende vom Lied können Sie sich denken: Nachdem die Zahl der Vorwürfe die der Zustimmung überstiegen hatte, wollte ich einen sauberen, sanften und gleichzeitig fairen Schlussstrich ziehen. Mit freundlichen Worten und – wie ich meinte – klugen Argumenten setzte ich Florian davon in Kenntnis.*

*Zusammen mit meinem ältesten Sohn als moralische Stütze holte ich wenig später meine Sachen – Abendkleider, Schminke, Dessous, ein zartes Spitzennachthemd und Migränetabletten – aus der Wohnung von Florian ab. Ich hatte ja einen Schlüssel, den ich anschließend zusammen mit einem netten Brief voll lieber Worte auf den Küchentisch legte. Florian hatte es vorgezogen, an diesem Tag ein Fotoshooting in Baden-Baden hinter sich zu bringen.*

*Die Wohnung war unaufgeräumt. Das Doppelbett, in dem ich so oft gelegen hatte und das eigens für unsere Liebe angeschafft worden war, war nicht gemacht. Mein Hauch von einem Hemd lag zusammengeknüllt auf »meiner« Seite. Das schwarze Abend-*

*kleid, das ich vor wenigen Wochen zum Tanzen getragen hatte, hing am Schrank.*

*Wie gut, dass ich die Migränetabletten bei ihm deponiert hatte! Ich brauchte sie plötzlich. Mir war ganz schlecht. Ich dachte schon, ich müsste mich übergeben. Ist der Sitz des schlechten Gewissens der Magen? Die Luft in der Wohnung war stickig. Ich riss die Fenster auf. Mein Sohn packte. Danach trug er meine Sachen ins Auto.*

*»Du brauchst sie nicht ordentlich zusammenzulegen«, rief ich ihm vom Fenster aus zu. »Ich schmeiß' alles weg.« Und das tat ich dann auch. Zusammen mit fünf gemeinsamen Jahren, die ich glaubte einfach ausradieren zu können.*

*Zu Hause kam das große Heulen. Einen ganzen Abend lang. Und noch den nächsten Tag. Und ein bisschen auch noch am übernächsten. Aber dann war es vorbei. Wenigstens das Heulen. Ich kriegte wieder Luft und konnte auch allmählich wieder lachen. Zwar noch nicht so richtig fröhlich, aber schon ein Stück weit befreit.*

*Florian machte es mir leicht. Eine Weile wenigstens: Er meldete sich nicht. War wie abgetaucht. Drei Wochen lang hörte ich kein Wort. Das beunruhigte mich zwar etwas, war aber andererseits Balsam für meine Seele: Wahrscheinlich hatte er schon wieder jemanden gefunden. War über alles hinweg. Hatte mich längst vergessen.*

*Bis der Anruf kam. Nachts, kurz vor Mitternacht. Erst erkannte ich seine Stimme gar nicht. Die war so erstickt, so anders. Zwei-Meter-Männer weinen doch nicht, oder? Und stottern tun sie auch nicht. Dachte ich jedenfalls.*

*Florian tat beides. Er müsse mich noch einmal sehen. Über alles sprechen. Es ginge ihm nicht gut. Ob morgen ginge?*

*Morgen ging! Gleich nach dem Frühstück.*

*Der Mann, der um viertel vor neun klingelte, war ein Fremder. Klapperig, blass, irgendwie heruntergekommen, fast etwas verwahrlost. Er sah mir nicht in die Augen, als er sagte: »Ich liebe dich immer noch und kann ohne dich nicht leben.«*

*Das war schlimm. Ein bisschen schlimm für mich, entsetzlich schlimm für ihn. Aus diesem Dilemma gab es keinen Ausweg. Weder für ihn noch für mich. Jeder von uns beiden musste auf seine Art versuchen, mit dieser Situation fertig zu werden.*

*Ich brauchte knappe sechs Wochen, um über das Ganze hinweg zu sein. Florian war in eine andere Stadt gezogen. Später erfuhr ich, dass er dort eine fast zweijährige Therapie gemacht hatte, weil er unter schlimmen Depressionen litt. Beruflich lief lange nichts mehr rund. Die Kasse klemmte. Wohnung und Auto wurden immer kleiner und bescheidener. Erst vor kurzem hat er wieder Fuß gefasst und eine sympathische Frau mit zwei Kindern geheiratet. Ich durfte sie kürzlich kennen lernen, denn inzwischen haben Florian und ich das geschafft, was – aus seiner Sicht – lange nicht möglich war: Wir sind richtig gute Freunde geworden.*

*Ich war es schließlich, die wieder auf ihn zugegangen ist. Weil ich ihn und seinen Schmerz plötzlich verstehen konnte, denn knappe drei Jahre nach unserer Trennung war ich diejenige, die verlassen wurde und in ein tiefes schwarzes Loch stürzte:*

*Eigentlich hätte ich es wissen müssen, dass aus Tilo und mir auf Dauer nichts werden konnte. Er war genau der Typ Mann, an dem ich mir schon wiederholt die Finger verbrannt hatte: zu attraktiv, zu charmant, zu erfolgsgewohnt, zu umschwärmt und vor allem zu sehr von sich und seiner Wirkung eingenommen.*

*Betrat Tilo einen Raum, wurde es ganz still. Alle Blicke ruhten auf ihm. An seiner Seite verkümmerte ich zu einem unsichtbaren, unwesentlichen Anhängsel ohne eigene Stimme und eigene Aura. Ich spielte schlicht überhaupt keine Rolle.*

*Tilo war hinreißend. Nicht nur am Anfang. Er bewies mir, dass es echte Frauenversteher wirklich gibt. Alles machte er richtig. Nicht nur im Bett. Obwohl ich kaum wahrgenommen wurde, wenn wir zusammen ausgingen, wuchs ich über mich selbst hinaus und fühlte mich lange großartig. Ich tat das, was normalerweise Männer tun, die sich mit schönen Frauen schmücken: Ich schmückte mich mit diesem Schwarm von einem Mann. Genoss den Neid meiner Geschlechtsgenossinnen, die sich insgeheim fragten, was ich wohl haben mochte, um diesen Typen zu halten.*

*Nun, um es kurz zu machen, ich hielt ihn nicht! Nach eineinhalb Jahren begann seine Begeisterung für mich zu schwächeln. Seine Besuche wurden seltener, seine Einladungen auch. (Stimmt, auch mit meinem Traummann war ich nicht zusammengezogen. Aber diesmal hatte es an ihm und nicht an mir gelegen.) Trotzdem wurde nie über eine Trennung gesprochen, denn Tilo verstand es auch noch ganz zum Schluss, aus jedem Zusammensein ein Festival der Sinne und ein unvergessliches Erlebnis zu machen. Nein, nicht nur beim Sex. Seine bloße Gegenwart verzauberte die Umgebung und ließ sogar Schmuddelwetter zu strahlendem Sonnenschein werden.*

*Das Aus kam bei einer gemeinsamen Autofahrt. Fast ein wenig beiläufig. Er wolle seinem Leben eine ganz neue Wende geben, noch einmal von vorne beginnen. In jeder Beziehung. In einer anderen Stadt. Vor allem, was den Job anginge.*

*Ich glaubte und traute ihm noch immer blind, erwog sogar für einen Moment, ob ich ihm nicht in diese nebulöse »andere Stadt« folgen sollte, bis ich begriff, dass die andere Stadt Isabella hieß, Stewardess war und schon eine schnuckelige Wohnung für sie beide eingerichtet hatte.*

*Ich weiß zwar nicht mehr, wie diese Autofahrt verlief, wohin sie führte und wo sie endete. Aber ich weiß noch ganz genau, was mit mir geschah. Zunächst nämlich gar nichts. Ich war nicht erschrocken, nicht traurig, nicht wütend, nicht böse, nicht entliebt. Nur erstarrt. Saß da wie ein Klotz und kriegte nichts mehr von dem, was um mich herum geschah, auch nur im Entferntesten mit. Ich konnte nicht sprechen, nicht denken, nicht hören und nicht sehen. Später, als ich aussteigen sollte, merkte ich, dass ich auch nicht mehr laufen konnte. Ich hatte keine Beine mehr. Und meine Arme funktionierten auch nicht richtig. Meine Handtasche glitt mir zweimal aus den Händen.*

*Tilo ging. Gab mir zum Abschied wie einer Fremden die Hand und wünschte mir alles Gute. Wir hätten doch eine gute Zeit mit-*

*einander gehabt, tröstete er mich gewohnt charmant, winkte mir noch einmal zu und fuhr davon. Für immer.*

*Ich ging in mein Haus. Setzte mich einfach nur hin. Tat nichts. Weinte nicht. Seufzte nicht. Fühlte nicht. Lebte nicht. Alles in mir war tot. Einfach abgestorben.*

*Als mein jüngerer Sohn nach Hause kam, versorgte ich ihn. Mechanisch. Wortlos. Tränenlos. Gedankenlos. Lieblos. Irgendwann legte ich mich hin. Schlief nicht ein. Stand wieder auf. Taumelte durch mein Haus. Die Treppen rauf, die Treppen runter. Barfuß auf dem kalten Steinfußboden. Stunde um Stunde. Ich fror. Die Nierenbeckenentzündung, die mich wenig später für zehn Tage in die Klinik bringen sollte, kündigte sich bereits an.*

*Als es langsam hell wurde, hörte ich zum zwanzigsten Mal »unser« Lied: »Love me tender«. Aber mich liebte ja keiner. Kein Mensch dieser Erde. Und ich mich selbst schon gar nicht. Denn wenn ich eine tolle Frau gewesen wäre, wäre ich ja nicht verlassen worden. Dann wäre Tilo ja noch da, oder?*

*Der Krankenhausaufenthalt war – so würde ich heute rückblickend sagen – ein Segen. Ich war krank, wurde gepflegt und versorgt. Wenn ich nicht schlafen konnte, bekam ich Tabletten. Wenn ich Schmerzen hatte, auch. Und Schmerzen hatte ich. Tag und Nacht. Seelische und körperliche. Monatelang. Ohne Pause. Am Stück, bis mir die Luft wegblieb und ich mir den linken Fuß brach, weil mir vor lauter Liebeskummer schwindelig geworden war und ich die Treppe herunterstürzte.*

*Das erste Jahr nach der Trennung war eine Katastrophe. Das zweite war grau, schwer und lustlos. Im dritten begann ich, mich langsam zu erholen. Im vierten – dem Himmel sei Dank – fand ich zu mir selbst, dem Leben, dem Lachen und der Möglichkeit einer neuen Liebe zurück.*

# Vorsicht, Suchtgefahr!

In der akuten Phase des Liebeskummers scheint im ersten Moment jedes Mittel recht, das den unendlichen Schmerz auch nur ein kleines bisschen lindert. Diese Tatsache soll hier keineswegs geleugnet werden. Ganz im Gegenteil. Silvia: »Ich ermutige viele verzweifelte Klienten, in der schlimmsten Phase einen Arzt aufzusuchen und sich dort Hilfe zu holen. Diese Hilfe kann darin bestehen, dass der Betroffene für eine Weile krankgeschrieben oder mit einem Beruhigungs- oder Schlafmittel gestützt wird.«

So weit, so gut. Aber vergegenwärtigen wir uns noch einmal den seelischen und körperlichen Zustand, in dem sich der Liebeskummerpatient befindet: Er steht unter Schock, hat grenzenlose Angst, fühlt sich hilf- und wertlos, trägt sich mit Selbstmordgedanken und leidet wahrscheinlich unter einer ganzen Paletten psychosomatischer Beschwerden.

Eigentlich müsste es auch für Liebeskummer einen regelrecht Beipackzettel geben – wie bei einem starken Medikament. Der könnte dann folgende »Risiken und Nebenwirkungen« enthalten:

- Kopfschmerzen und Migräne
- Durchfall und Verstopfung
- Magendrücken und Bauchschmerzen
- Schweißausbrüche und Schüttelfrost
- Erhöhter Blutdruck und Herzrasen
- Blasenentzündungen und Regelschmerzen
- Häufige Blutungen und Krämpfe
- Beklemmungen in der Brust und Atemnot
- Gewichts- und Appetitverlust
- Heißhunger und Fressattacken
- Ständige Müdigkeit und Schlafstörungen
- Wein- und Schreikrämpfe
- Schluckbeschwerden und Panikattacken
- Gesteigerte Aktivität und völlige Apathie.

Ziemlich Furcht erregend, oder? Aber leider nur allzu verbreitet.

Ist es da noch verwunderlich, dass die Gefahr, bei Liebeskummer in eine Sucht abzugleiten, so groß ist?

Wie angenehm scheint das Glas Rotwein am Abend zu beruhigen! Vielleicht nicht das erste, aber das zweite oder dritte. Endlich tritt eine gewisse Schwere ein, die fast an Müdigkeit grenzt. Vielleicht wird man in dieser Nacht zum ersten Mal wieder einigermaßen schlafen können. Wenigstens ein paar Stunden am Stück. Ohne Alpträume oder Weinkrämpfe. Nur dieses eine Mal.

Oder mit Hilfe der Schlaftablette. Oder des Beruhigungsmittels. Oder des Stimmungsaufhellers.

So fängt es an.

Oder es ist die Zigarette, zu der man immer wieder greift. Plötzlich sind es zwei oder drei Schachteln am Tag. Sie ersetzen Essen und Trinken, nebeln ein und scheinen einen gewissen Abstand zu schaffen.

In der ersten Phase des Liebeskummers nehmen viele Menschen ab. Jeder Bissen wird ihnen zu viel. Der Magen drückt, die latente Übelkeit ist immer da. Das Essen wird zu einer Zumutung. Warum auch? Für wen soll man diesen Körper, den doch keiner mehr haben will, überhaupt vernünftig ernähren?

Vorsicht! Vielleicht ist der erste Schritt in Richtung gefährlicher Magersucht bereits getan. Versuchen Sie, in den ersten Wochen wenigstens genug zu trinken. Täglich mindest zwei Liter Mineralwasser, ungesüßten Tee oder Fruchtsaft. Und holen Sie sich notfalls aus der Apotheke die lebenswichtigen Vitamine und Mineralien, wenn Sie sie schon nicht durch die Nahrung zu sich nehmen können. (Lesen Sie dazu unser Kapitel »Die ideale Anti-Liebeskummer-Ernährung« auf Seite 140.)

Oder andersherum: Wie gut tut das Stückchen Schokolade, aus dem rasch eine ganze Tafel wird! Es tröstet, schmeckt süß, lenkt ab, befriedigt uns oral und soll angeblich sogar glücklich machen. Vielleicht hat die Menge dafür noch nicht ausgereicht. Klappt das erst nach zwei oder drei Tafeln? Oder einer ganzen Schachtel Pralinen? Wen stört es denn noch, dass keine Jeans mehr passt und der Teint ruiniert ist? Guckt ja sowieso niemand mehr hin.

Oder Sport: Vielleicht spüren wir uns erst wieder, wenn wir täglich drei Stunden joggen und uns auf den Marathonlauf vorbereiten. Oder ständig Tennis spielen. Oder Fahrrad fahren. Oder täglich ins Fitness-Studio gehen.

Vielleicht steigern wir uns in einen regelrechten Kaufrausch hinein, weil wir hoffen, Konsumgüter könnten uns trösten. Oder wir flüchten in kurzlebige, oberflächliche Beziehungen, die mit Liebe gar nichts und mit gutem Sex meist auch nur wenig zu tun haben. Das, was wir suchen, nämlich Wärme, Geborgenheit und Selbstbestätigung, bieten sie uns jedenfalls nicht.

Sie (er)kennen den Teufelskreis der Verführung?

Zu keinem anderen Zeitpunkt in unserem Leben sind wir anfälliger für gefährliches Suchtverhalten als im größten Liebeskummer. Das sollten wir uns in aller Deutlichkeit bewusst machen, um nicht zusammen mit der Liebe auch noch unsere Gesundheit zu verlieren.

Holen Sie sich professionelle Hilfe, wenn Sie die ersten Anzeichen einer Sucht bei sich entdecken. Und vor allem: Reden Sie sich nicht ein, Sie würden das Ganze bequem und von ganz allein wieder in den Griff kriegen, wenn der Liebeskummer ausgestanden oder gar der Ex zurückgekehrt ist. Das ist ein höchst gefährlicher Irrtum.

Hier ein Beispiel aus der Praxis:

Als *Oliver* (34) von seiner Frau *Susanne* wegen eines anderen Mannes verlassen wurde, war er so verzweifelt und krank, dass er sechs Wochen lang keinen Bissen bei sich behalten konnte. Täglich hing er über der Kloschüssel und gab alles wieder von sich. Er magerte ab, konnte nicht mehr arbeiten und sprach oft davon, sich das Leben zu nehmen. Bis er eine neue Frau traf und Silvia gegenüber stolz verkündete: »Jetzt ist alles wieder okay. Ich bin über den Berg. Die Neue tut mir gut. Ich brauche keine Hilfe mehr.«

Silvia: »Das Ganze ist jetzt zwei Jahre her. Olivers ehemalige

Frau hat gerade von ihrem zweiten Mann ein Kind bekommen. Sie ist angeblich glücklich und zufrieden, kann es aber nicht lassen, sich wieder und wieder mit Oliver zu treffen. Mitunter schiebt dieser sogar den Kinderwagen. Ansonsten wird er weiterhin viel zu oft alleine gesehen. Würde er nicht hin und wieder mit dieser Neuen – übrigens einer bildschönen Frau, die allerdings in einer anderen Stadt lebt – auf Partys aufkreuzen, könnte man ihre Existenz für einen Wunschtraum halten. Das Schlimme ist nur: Oliver ist auch heute noch todunglücklich, obwohl er das Gegenteil behauptet. Er belügt sich selber. Auch mir gegenüber sagt er nicht die Wahrheit, obwohl wir miteinander befreundet sind. Er erzählt mir, es ginge ihm super. Er merkt gar nicht, dass er in seinem noch massiv vorhandenen Kummer immer öfter zur Flasche greift und längst Alkoholiker geworden ist. Inzwischen hat er mindestens zehn Kilo Übergewicht und treibt keinen Sport mehr. Dass seine ehemalige Partnerin Mutter geworden ist, hat ihn erneut zurückgeworfen, aber das gesteht er sich nicht ein. Kommt der Schmerz hoch, schüttet er sich zu. Jeden Tag aufs Neue. Er lehnt jede Hilfe und Unterstützung ab. Spricht mit niemandem über seine wirklichen Gefühle. Es ist abzusehen, dass er irgendwann zusammenbricht. Erst dann, wenn er ganz, ganz unten ist und höchstwahrscheinlich in einer Klinik landet, nehmen die Dinge ihren Lauf. Dann wird er den Tatsachen ins Auge sehen und seinen riesengroßen Schmerz bearbeiten müssen. Tut er es nicht, geht er daran und am Alkohol über kurz oder lang zugrunde – trotz der neuen Freundin und seiner festen Überzeugung, ›längst über den Berg zu sein‹.«

## Leiden und arbeiten – für viele ein Riesenproblem

Liebeskummer, das wissen wir bereits, versetzt uns in einen Ausnahmezustand und wirkt sich massiv auf Körper, Geist und Seele aus. Somit ist er einer schweren Allgemeinerkrankung vergleichbar – und sollte auch ähnlich behandelt werden. Wird er aber nicht, wie wir schon wiederholt betont haben.

Können Sie sich vorstellen, trotz einer handfesten Influenza mit hohem Fieber, Glieder- und Kopfschmerzen im Job anzutanzen? Bestimmt nicht! Mit einem gebrochenen Herzen schon eher, oder?

Vielleicht klappt das ja wirklich. Es gibt bestimmt Menschen, die in der Arbeit eine Art Betäubung sehen oder sich durch den Beruf wenigstens vorübergehend ablenken. Das soll hier auch nicht in Abrede gestellt werden. Vor allem viele Männer, so wurde in der Liebeskummer-Praxis immer wieder deutlich, haben zumindest krampfhaft versucht, weiterhin einen guten Job zu machen.

Silvia: »Bei ihrem ersten Besuch in meiner Praxis konnten viele männliche Klienten den wirklichen Grund ihres Kommens noch gar nicht zugeben. Sie hätten Ärger im Büro, Stress mit dem Boss oder Zoff mit den Angestellten, wollten sie sich selbst und mir zunächst einreden. Erst nach einer Weile kam dann heraus, dass am Arbeitsplatz nichts mehr funktionierte, weil sie massiven Liebeskummer hatten. Und das ist nur zu verständlich.«

Wurde Ihnen gerade der Boden unter den Füßen weggezogen und Ihr Selbstwertgefühl zerstört, können folgende Ausfallerscheinungen das reibungslose Funktionieren am Arbeitsplatz blockieren:

- Sie können sich nicht konzentrieren.
- Sie können sich nichts merken.

- Sie können Termine und Versprechen nicht einhalten.
- Sie haben keine Kraft und keine Ausdauer.
- Sie können nicht mehr stillsitzen.
- Sie können nicht richtig zuhören und sich auch nicht richtig mitteilen.
- Sie können mechanische oder feinmotorische Arbeiten nicht vernünftig verrichten, weil Ihre Hände ständig zittern.
- Sie können unbedenklich weder Maschinen noch Fahrzeuge bedienen.
- Sie kapieren selbst »kinderleichte« Zusammenhänge nicht.
- Sie sind weder mit Ehrgeiz noch mit Motivation gesegnet.
- Ihr Teamgeist ist verloren gegangen, weil Sie mit niemandem mehr richtig kommunizieren – es sei denn über Ihren Kummer.
- Sie müssen ständig an Ihren großen Schmerz und den erlittenen Verlust denken.
- Leistung und Erfolg machen keinen Sinn mehr. Für wen denn auch?

Tolle Voraussetzungen für eine steile Karriere, oder?

Halt! Nicht, dass wir uns missverstehen! Sie sollen vor lauter Kummer nicht gleich alles hinschmeißen und eine fristlose Kündigung aussprechen – auch wenn Ihnen im ersten Moment durchaus danach zumute ist. Halten Sie lediglich einen Moment inne und überlegen Sie, wie Sie Ihren großen Schock und Ihre beruflichen Verpflichtungen unter einen Hut kriegen können. Vielleicht in den ersten paar Tagen gar nicht oder nur teilweise. Dann haben Sie mehrere Möglichkeiten:

- Gehen Sie zum Arzt Ihres Vertrauens und sprechen Sie sich offen aus. Wahrscheinlich werden Sie für eine Woche oder etwas länger krankgeschrieben und eventuell auch mit einem Beruhigungsmittel versorgt. Das ist immer noch besser, als ohne ärztliche Kontrolle rezeptfreie Mittelchen zu schlucken.
- Wenn Sie ein gutes Verhältnis zu Ihrem Arbeitgeber und ein

bisschen Mut und Vertrauen haben, schenken Sie dem Boss reinen Wein ein. Überlegen Sie mit ihm gemeinsam, wie Sie die schlimme erste Phase überstehen können. Eventuell werden Sie für eine Weile mit anderen Arbeiten als sonst betraut. Gut so! Sie verlieren dadurch bestimmt nicht Ihr Gesicht. (Auch nicht, wenn Sie ein Mann sind, der über seinen Schatten gesprungen ist und sein wahres Dilemma ehrlich zugegeben hat.)

- Weihen Sie Ihre Kolleginnen und Kollegen ein, wie es um Sie steht, und bitten Sie um Unterstützung. Wenn die anderen wissen, warum Ihnen im Moment mehr Fehler als sonst unterlaufen, sind diese nur noch halb so schlimm.
- Setzen Sie sich realistische Ziele. Hätten Sie gerade eine Knieverletzung erlitten, würden Sie ja auch nicht unbedingt den nächsten Marathonlauf anpeilen, sondern zunächst mit kleinen Gehübungen beginnen. Das Gleiche gilt jetzt im Job: Bestimmt gelingt Ihnen in der ersten Zeit nicht sofort wieder der ganz große Wurf, aber Sie können sich behutsam und stetig wieder an Ihre alte Form herantasten.
- Seien Sie gnädig zu sich selbst! Gestatten Sie sich, eine Weile nicht perfekt zu sein! Statt Ihre Schlappen im Job zu zählen, sollten Sie sich all jene Dinge bewusst machen, die Sie schon wieder ganz gut hingekriegt haben. Loben und belohnen Sie sich – auch wenn es schwer fällt.
- Nehmen Sie die Unterstützung von Seiten des Chefs und der Kollegen nicht als Selbstverständlichkeit hin, sondern zeigen Sie Ihre Dankbarkeit. Bringen Sie mal einen Kuchen zur Kaffeepause mit oder eine Flasche Sekt zum Feierabend. Es sind die kleinen Gesten, die für ein gutes Klima und dafür sorgen, dass Sie im Team Ihren guten Ruf behalten.

Dazu ein Fallbeispiel aus der Liebeskummer-Praxis:

Für *Dr. Karsten F.,* Topmanager in höchster Position, gab es im schlimmsten Liebeskummer zunächst nur eins: durchhalten, Zähne zusammenbeißen und niemanden etwas merken lassen.

Das funktionierte verständlicherweise nur begrenzt. Karsten unterliefen immer häufiger Fehler. Er traf mehrere verhängnisvolle Fehlentscheidungen. Nachts betrank er sich. Morgens war er unpünktlich, tagsüber unausgeschlafen und unkonzentriert. Das wäre wahrscheinlich noch lange so weitergegangen, wäre nicht König Zufall zu Hilfe gekommen: An einem verregneten Montagmorgen blieben Karsten und Ilona, eine Mitarbeiterin aus seinem Büro, mehrere Stunden im Fahrstuhl stecken – für die Frau eine perfekte Gelegenheit, ein wenig aus ihrem Privatleben zu plaudern. Bis auch Karsten sich öffnete und zum ersten Mal seine ganz Misere preisgab. Er war von seiner langjährigen Freundin wegen eines gemeinsamen Freundes aus dem Golfclub verlassen worden und fühlte sich nun doppelt hintergangen.

Ilona übernahm in diesem persönlichen Drama unaufgefordert die Regie: Sie bügelte verpatzte Termine glatt, vertuschte kleinere und größere Fehler und baute Karsten durch freundschaftliche Gesten, aktive Unterstützung und lange Gespräche langsam wieder auf. Vor allem aber: Sie schickte den geknickten Topmanager in Silvias Praxis, wo sein Selbstbewusstsein in dreimonatiger Intensivarbeit gestärkt wurde.

Silvia: »Heute ist Karsten wieder in Topform. Er hat sich einen neuen Sportclub gesucht und einen neuen Bekanntenkreis erworben. Beruflich und privat läuft inzwischen alles wie am Schnürchen. So gut übrigens, dass die ehemalige Freundin plötzlich wieder aufgetaucht ist und gemeinsame Abende vorschlägt. Davon will Karsten aber nichts mehr wissen. Dazu saß die Kränkung, die ihm zugefügt wurde, viel zu tief.«

# Wenn das Herz bricht, leidet das Umfeld mit

Bei Liebeskummer ist nicht nur unser berufliches, sondern auch unser privates Umfeld massiv gestört. Am schlimmsten macht sich das in der Familie bemerkbar.

Silvia: »In meiner Praxis merke ich immer wieder, dass vor allem Eltern ihre Kinder nicht leiden sehen können. Sie sind deren Schmerz gegenüber völlig hilflos. Deshalb schicken sie ihre Söhne und Töchter lieber zu mir und übernehmen das Honorar für meine Arbeit, als dass sie sich selbst mit dem Kummer auseinander setzen. Das können sie auch gar nicht – wie ich von mir selbst weiß. Hat eine meiner Töchter Liebeskummer, kann ich nur als Mutter und nicht als Psychologische Beraterin fungieren. Ich kann trösten und Verständnis zeigen, aber nicht als Therapeutin helfen.«

Hat der Liebeskummer jedoch die Eltern oder ein Elternteil fest im Griff, sollten die Kinder nicht unterschätzt werden. Egal, wie sorgfältig die Erwachsenen glauben, ihren Schmerz verborgen zu haben – die Kids haben ihn ganz bestimmt mitgekriegt. Sie fühlen sich dafür verantwortlich und wissen nicht, wie sie damit umgehen sollen. Jedenfalls, wenn sie noch klein sind. Jetzt müssen sie behutsam, aber gründlich aufgeklärt werden, sonst setzen sich bei ihnen massive Schuldgefühle fest, die sich auf ihre späteren partnerschaftlichen Beziehungen negativ auswirken können.

Genauso wie »Scheidungswaisen« – hier werden die Betroffenen rein sprachlich bereits in die Nähe des Todes gerückt – häufig fürchten, die Trennung durch unartiges Verhalten verursacht zu haben, sind die Kinder von liebeskranken Eltern überzeugt, an deren Tränenstrom und Leid schuld zu sein. Es kann traumatische Folgen haben, wenn dieses gefährliche Missverständnis nicht restlos ausgeräumt wird.

*Aber auch im Bekanntenkreis ändert sich nun vieles*

Seien Sie darauf gefasst, dass nichts so bleibt, wie es einmal war. Vielleicht werden Sie Ihr blaues Wunder erleben und in der schlimmsten Phase ausgerechnet jene Freunde verlieren, die Sie bisher für Ihre engsten und besten gehalten haben. Weil die sich lieber mit Ihrem Ex treffen, der bereits eine Neue hat und natürlich viel fröhlicher und unternehmungslustiger ist als Sie. Oder weil sie Ihren Kummer nicht aushalten können und daher einen Bogen um Sie machen. Stattdessen kann es Ihnen passieren, dass ein langjähriger Nachbar Sie plötzlich anspricht, den Sie vorher nie wahrgenommen haben. Dass er Hilfe und Verständnis anbietet und für Sie so wertvoll wird, dass daraus eine neue Freundschaft entsteht.

Machen Sie einen Bogen um solche Menschen, die angeblich schon lange gewusst haben, dass Sie hintergangen wurden. Die brennen doch nur darauf, Ihnen ihre Insider-Kenntnisse brühwarm aufzutischen und sich dann auch noch mit dem Hinweis zu brüsten: »Wir wollten dir nur nicht wehtun. Deshalb haben wir nichts gesagt.« Pustekuchen! Jedes Wort von denen brennt noch auf Ihrer Seele. Das müssen Sie ganz und gar nicht haben.

Mehr noch: Machen Sie nicht den Fehler, in diese Tiraden mit einzustimmen, auch wenn die Verlockung groß scheint. Hauen Sie Ihren Ex nicht in die Pfanne! Plaudern Sie nicht aus dem Nähkästchen! Versuchen Sie nicht, Ihren Kummer dadurch zu lindern, dass Sie sich vor gemeinsamen Freunde darüber auslassen, wie unmöglich der oder die Verflossene war und wie erleichtert Sie sind, ihn oder sie los zu sein.

Erstens wissen Sie tief in Ihrem Innern, dass das gar nicht stimmt, und zweitens kann es ja sein, dass der ehemalige Partner irgendwann wieder zu Ihrem Freundeskreis gehört. Wie peinlich, wenn dann alle wissen, was Sie damals über ihn verbreitet haben. Oder noch schlimmer: Stellen Sie sich vor, Ihre geheimen Sehnsüchte gehen eines Tages in Erfüllung und er oder sie kommt doch zu Ihnen zurück. Dann könnten Sie sich wegen der bösen Anschuldigungen von früher die Zunge abbeißen.

Auch vertrauliche Mitteilungen, in denen es um Ihren Ex und seine Neue geht, tun Ihnen nicht gut. Sie müssen nicht wissen, wie »entzückend« Ihre Nachfolgerin ist und wie verliebt Ihr Verflossener! Jedes Detail aus dieser Richtung reißt bei Ihnen nur wieder alte Wunden auf. Horchen Sie also gemeinsame Bekannte nicht aus! Fragen Sie nicht nach Einzelheiten! Sie schneiden sich damit nicht nur ins eigene Fleisch, sondern strapazieren auch die Beziehung zu Ihren Freunden. Und das, was Sie in Wirklichkeit hören wollen, sagt Ihnen sowieso niemand. Nämlich dass der Ex furchtbar aussieht, blass und ausgezehrt, und dass es ihm unendlich Leid tut. Würde das stimmen, wäre er doch längst wieder bei Ihnen, oder?

Versuchen Sie auch nicht, gemeinsame Freunde vor Ihren Karren zu spannen und dazu zu bewegen, für Sie ein gutes Wort einzulegen. »Sprich du doch noch mal mit ihm!« Wie gerne würden Sie diesen Wunsch formulieren. Indes: Es bringt rein gar nichts, wenn Ihrem Ex ins Gewissen geredet wird. Dadurch kommt er ganz bestimmt nicht zu Ihnen zurück. Das Einzige, was Sie mit einem solchen Manöver erreichen, ist eine massive Belastung der Beziehung zu Ihren Freunden.

Im ersten Schmerz kann es Ihnen passieren, dass Sie scheinbar zufällig immer wieder auf Leute treffen, die ein ähnliches Schicksal erlitten haben wie Sie oder noch mittendrin stecken. Das sorgt für Gesprächsstoff, Gemeinsamkeiten und Trost. Schnell entstehen Zweckgemeinschaften, die eine Weile wertvoll und hilfreich sein können. Machen Sie aber trotzdem nicht den Fehler, sich nach Ihrer Trennung ausschließlich mit vereinsamten oder gar verbitterten Singles zu umgeben. Das kann regelrecht abfärben und Ihren guten Ruf gefährden. Denken Sie daran, dass die Bezeichnung »Emanze«, die Ihnen als Mitglied dieses neuen Bekanntenkreises angehängt werden kann, in unserer modernen Gesellschaft leider immer noch einen negativen Beigeschmack hat und Ihnen bei der Suche nach einem neuen Glück irgendwann in die Quere kommen könnte. Vor allem aber: Ihre neuen »besten« Freunde könnten es Ihnen persönlich übel nehmen, wenn Sie sich wieder verlieben – nur weil sie selbst weiterhin solo und daher neidisch sind. Sie werden dann viel Kraft darauf verwenden, Ihnen klar zu machen, welchen Missgriff Sie bei Ihrer Partnerwahl gemacht haben. Und das könnte Sie ziemlich verunsichern.

## Im gesellschaftlichen Leben ist plötzlich alles anders

Stellen Sie sich darauf ein, dass sich Ihr gesellschaftliches Leben zumindest vorübergehend drastisch ändert. Das fängt schon bei gemeinsamen Unternehmungen und Einladungen an.

Hier nur ein paar mögliche Varianten:

- Der Liebeskranke zieht sich von allen gesellschaftlichen Aktivitäten zurück und schlägt sämtliche Einladungen aus.
- Oder: Er wird gar nicht mehr eingeladen, weil er nur noch über den Ex und seinen Kummer sprechen kann.
- Oder: Er steht auch uneingeladen ständig auf der Matte, um sein Leid zu klagen und die Einzelheiten der Trennung zum hundersten Mal minutiös durchzukauen und vergrault dadurch seine Freunde.
- Oder: Verabredungen, die vor dem großen Crash getroffen wurden, werden nun nicht mehr eingehalten.
- Oder: Es wird vor jeder Einladung betont: »Ich komme aber nur, wenn er nicht auch da ist. Jedenfalls nicht mit seiner Neuen.«
- Oder: Ehemalige Freunde brechen jeden Kontakt ab und sagen klipp und klar: »Wir wollen da nicht hineingezogen werden. Schließlich mögen wir euch beide!«

Silvia: »Man wird zum Trauerkloß, rennt nur noch verheult herum und macht die Stimmung auf jeder Party kaputt. Kein Wunder, dass sich nicht mehr alle um einen reißen. Mir selbst ist es in der Lebensmittelabteilung eines großen Hamburger Kaufhauses so gegangen, dass die Wurstverkäuferin durch den ganzen Laden schrie: ›Wo ist denn Ihr motivierendes Gesicht geblieben?‹ Das baut dann natürlich großartig auf.«

Liebeskranke sind, um es einmal ungeschminkt auszudrücken,

strapaziös und egoistisch. Und für eine Weile ist das ja auch ihr gutes Recht und Teil der anfänglichen Überlebensstrategie.

Sicher haben auch Sie in Ihrer größten Not eine beste Freundin gehabt, die immer für Sie da war. Die mitten in der Nacht zu Ihnen gekommen ist. Die Sie in den frühen Morgenstunden per Telefon aus dem Bett klingeln durften. Die Händchen gehalten und Taschentücher gereicht hat, als der Tränenstrom einfach nicht versiegen wollte. Die das Ende Ihrer Liebesgeschichte längst besser kennt als Sie selbst – weil sie jede Einzelheit zigmal gehört hat.

Diese seelische und moralische Unterstützung, die nicht nur an die Nieren, sondern irgendwann auch auf die Nerven geht, ist ungeheuer wertvoll – und bestimmt keine Selbstverständlichkeit. Machen Sie sich das immer wieder bewusst, wenn es Ihnen allmählich etwas besser geht. Dann ist der Zeitpunkt gekommen, dass Sie etwas für die strapazierten Freundschaften tun.

Sagen und zeigen Sie Ihren Freundinnen und Freunden, dass das Schlimmste hinter Ihnen liegt. Setzen Sie deutliche Signale und reden Sie Tacheles! Lassen Sie Ihren Bekanntenkreis wissen, ob Sie auch dann zu einer Fete kommen, wenn der Ex – vielleicht sogar mit der Neuen – ebenfalls da ist.

Eine schöne Geste: Sie laden all jene Menschen, die Ihnen in Ihrer schwärzesten Phase zur Seite gestanden haben, zu einem kleinen Essen oder einer Party ein. Sprechen Sie Ihre Dankbarkeit aus und beweisen Sie Ihre wiedergewonnene Stabilität und Belastbarkeit. Dann ist der Rest des Freundes- und Bekanntenkreises, der Ihnen nach Ihrem persönlichen Chaos noch geblieben ist, nicht weiterhin verunsichert und überfordert. Ambivalente Freunde können Sie auf dem Weg zurück zu Ihrer inneren Mitte und beim Wiederaufbau Ihres Selbstwertgefühls nämlich ganz bestimmt nicht gebrauchen.

Und: Lassen Sic sich bei der Wahl Ihrer neuen Freunde nach dem Ende einer Liebe nicht nur vom Gefühl, sondern auch von Verstand und Logik leiten. Jetzt, da nicht mehr all Ihre Gedanken um den Partner kreisen, sollten die eigenen Vorlieben und Hobbys mit darüber entscheiden, mit welchen Menschen Sie Ihre Zeit verbringen möchten. Ihr Kummer hat Sie gelehrt, Ihre Emotionen besser zu begreifen und ernst zu nehmen. Sie haben dabei viel über sich selbst und Ihre Psyche gelernt. Das wird Ihnen nun dabei helfen, sich jene Menschen als neue Freunde auszusuchen, auf die Sie sich auch in einer etwaigen erneuten Notlage verlassen können. Und dafür sollten Sie dankbar sein.

# Sex mit dem Ex – zunächst verlockend, aber hinterher verheerend

Es gehört zum »ganz normalen« Liebeskummer dazu, dass man sich in die Arme des ehemaligen Partners zurücksehnt und davon träumt, wie wunderbar alles sein könnte, wenn man nur noch eine einzige Sex-Chance bekäme. Man redet sich ein, die schreckliche Trennung dadurch im letzten Moment doch noch wieder rückgängig machen zu können. Bei einer zärtlichen Umarmung, so hofft man inständig, wird der andere spüren, wie sehr man ihn noch liebt und was für ein Fehler es war, aus dieser Beziehung auszubrechen.

Bittersüße Gefühle und wehmütige Gedanken kommen bei solchen Vorstellungen hoch. Alles, was Sie dem ehemaligen Partner schon immer sagen wollten, könnte nun ausgesprochen werden. Missverständnisse sollen ausgeräumt und durch traumhafte Zukunftsvisionen ersetzt werden. Lahm gewordener Sex soll vor Leidenschaft lodern und so einmalig sein, dass etwaige Vergleiche mit seiner Neuen auf jeden Fall zu den eigenen Gunsten ausgehen.

Es scheint so einfach und so nahe liegend, zum Telefonhörer zu greifen und ihn zu einer letzten »Aussprache« herzubitten. Alles ist noch so vertraut – für Sie und für ihn. Vor allem, wenn diese »allerletzte« Begegnung in der Wohnung stattfindet, die vorher der gemeinsame Lebensmittelpunkt oder auch nur das gemeinsame Liebesnest war.

Sie haben sich schön gemacht und etwas Leckeres gekocht, obwohl es doch angeblich nur um das endgültige Aussortieren der CD-Sammlung oder der Bücher gehen sollte. Sie sind zittrig und aufgeregt wie bei der allerersten Begegnung. Vielleicht reden Sie sich sogar ein, wenn Sie nur noch dieses eine Mal mit ihm ins Bett gehen, wird Ihnen der endgültige Abschied leichter fallen. Sie glauben, sich Ihren ehemaligen Schatz danach für immer aus dem Herzen reißen zu können – und wissen vielleicht gar nicht, was Sie sich damit antun.

Bedenken Sie:

- Sex mit dem Ex hat noch keine kaputte Beziehung gekittet.
- Egal, wie gut Sie im Bett waren – er kommt deshalb nicht zu Ihnen zurück.
- Ihre Hoffnung, dieses letzte Mal würde wunderschön werden, hat sich mit Sicherheit nicht erfüllt. Vielleicht wurde der Körper dabei tatsächlich befriedigt, die Seele bestimmt nicht!
- Ihre hehren Vorsätze, bei diesem letzten Mal nicht nur besonders sexy, verführerisch und verständnisvoll, sondern auch noch richtig cool zu sein, konnten Sie garantiert nicht verwirklichen. Oder haben Sie etwa nicht geweint, als er Sie geküsst hat?

Machen Sie sich klar: Nach dieser letzten Nacht oder auch nur diesem Quickie wird er wieder gehen. Zurück zu seiner Neuen oder auch nur zurück in seine eigene Wohnung. Zurück bleiben Sie – mit einem noch einmal gebrochenen Herzen und einem bitteren Nachgeschmack auf der Zunge. Alles fängt noch einmal von vorne an. Der Kummer, den Sie jetzt empfinden, ist vielleicht sogar noch größer als der erste Schock nach der Trennung – weil das letzte bisschen Hoffnung mit dem Zuschlagen der Wohnungstür begraben wurde und Ihre Selbstachtung noch tiefer in den Keller gerutscht ist.

Tun Sie sich den Sex mit dem Ex also nicht an! So verlockend er auch scheinen mag – die Folgen für Ihre Seele sind verheerend.

*Und dennoch: Manchmal kann Abschieds-Sex aber auch heilsam sein*

Aber: Auch in der Liebe gibt es für jede Regel die berühmte Ausnahme. Dazu Silvia: »Unter bestimmten Umständen kann der Sex mit dem Ex, wenn er sich denn ohne Schwierigkeiten noch einmal ergibt, auch richtig heilsam sein. Bei dieser Umarmung kann man sich fragen, ob die Liebe wirklich so wunderschön war, wie man sie in seinen schmerzlichen Stunden in Erinnerung hat. Oft liegt man danach nämlich ziemlich unbeteiligt nebeneinander im Bett und fragt sich, ob die große Sehnsucht auf Wunschdenken beruht hat. Mitunter wird die letzte intime Begegnung so zu einer Art Befreiungsschlag. Man erkennt, dass es in erster Linie nur Sex war, der die Beziehung getragen hat. Oder umgekehrt: Dass das körperliche Zusammensein keineswegs so weltbewegend und himmelhochjauchzend war, wie man sich das immer einreden wollte. Dann dient die letzte Umarmung dazu, die eigenen Gefühle zu ordnen und dabei zu der erleichternden Erkenntnis zu kommen, dass der Verlust gar nicht so riesig war, wie man immer geglaubt hat. Aber Vorsicht! Wer noch immer in den Ex verliebt ist, kann durch das intime Zusammensein alte Wunden aufreißen oder sogar zum ausgenutzten Lückenbüßer werden.«

Auch dazu ein aktuelles Beispiel aus der Liebeskummer-Praxis:

*Alexa* (42) schlug ihrem Freund *Kevin* (44) nach sieben gemeinsamen Jahren eine Art Sendepause vor, weil die Beziehung sich festgefahren hatte. Eine richtige Trennung wurde zu diesem Zeitpunkt nicht erwogen. Alexa, Mutter einer erwachsenen Tochter, wollte lediglich herausfinden, wo sie und ihr Freund, Vater eines Sohnes, emotional standen.

Silvia: »Und was passiert? Kevin denkt nicht etwa nach, sondern hat sofort eine neue Tussi, die sein angekratztes Selbstwertgefühl kitzelt. Und Alexa steht da in ihrem kurzen Hemd.«

Aber damit nicht genug. Ganz offenbar war der Sex mit der Neuen doch nicht ganz so prickelnd. Immer öfter lud sich Kevin »mal eben auf ein Bier« bei Alexa ein, um dann die ganze Nacht mit ihr zu verbringen. Auf der körperlichen Ebene hatte es zwischen den beiden ja immer perfekt gepasst.

Für alles andere war die Neue zuständig. Mit ihr ging er aus und fuhr in die Ferien, allerdings nicht, ohne Alexa aus Ibiza eine schön getöpferte Schale mit frischen Zitronen mitzubringen.

Silvia: »So ging das über Monate. Nachdem Alexa meine Klientin geworden war und durch die gemeinsame Arbeit begriffen hatte, dass sie für Kevin immer nur Lückenbüßerin und drittes Rad am Wagen sein würde, löste sie endlich diese verhängnisvolle Bett-Beziehung. Sie machte wirklich reinen Tisch, verkaufte ihr Geschäft. Zog in eine andere Stadt. Orientierte sich völlig neu. Übernahm eine leitende Position in der Modebranche und schminkte sich für eine Weile feste Beziehungen ab. Für sie war der Sex mit dem Ex bestimmt wichtig und richtig. Sie hat erst dadurch erkannt, dass ihr Freund nie erwachsen werden wird, und hat sich dadurch weiteren Kummer erspart.«

# Teil 2:
# Akute Hilfe und praktische Tipps

# SOS auf einen Blick: Soforthilfe aus der Liebeskummer-Praxis

## Wenn es Sie erwischt hat

1. Nehmen Sie sich Zeit zum Trauern! Sie dürfen weinen und durchhängen.
2. Seien Sie lieb zu sich selbst! Verwöhnen Sie sich nach Strich und Faden!
3. Seien Sie nicht so streng mit sich selbst! Lassen Sie ruhig mal fünfe gerade sein.
4. Vermeiden Sie Schuldzuweisungen, und streifen Sie die Opferrolle ab!
5. Erspüren Sie, was Ihr Körper jetzt braucht! Notfalls müssen Sie zum Arzt Ihres Vertrauens.
6. Kapseln Sie sich nicht ab! Vertrauen Sie sich lieben Menschen an – im Notfall einem Profi, Coach, Psychiater oder Therapeuten.
7. Schreiben Sie Ihre Gefühle auf. Führen Sie ein Tagebuch. Aber schicken Sie Ihre Briefe an den Ex niemals ab!
8. Lenken Sie sich ab! Tanzen, Yoga, Sport, Malkurse, Töpfern oder gemeinsames Entspannen im Club oder auf einem Schiff wirken Wunder.
9. Schauen Sie nach vorn! Drehen Sie sich nicht um! Jetzt zählen nur die Gegenwart und die Zukunft.
10. Stöbern Sie ruhig mal in einem Esoterikladen, oder lassen Sie sich die Karten legen. Alles, was heilt, hat Recht.
11. Geben Sie nicht vor, schon einen neuen Partner zu haben. Das haben Sie nicht nötig, und das ist auch nicht authentisch.
12. Verändern Sie Ihr Umfeld! Machen Sie es sich schön! Denken Sie jetzt nur an sich!

## Wenn es Ihre Freunde erwischt hat

1. Vermeiden Sie Floskeln wie »Kopf hoch!« – »Es wird schon wieder.« – »Die Zeit heilt alle Wunden!« – »Stell dich nicht so an!«
2. Zeigen Sie Geduld – auch wenn Sie die Trennungsgeschichte zum hundertsten Mal hören!
3. Nehmen Sie den Kummer des Betroffenen bitte ernst! Für ihn bricht gerade die Welt zusammen.
4. Geben Sie wertfreie Ratschläge – auch wenn Sie dazu mitunter über Ihren eigenen Schatten springen müssen!
5. Lenken Sie den Betroffenen behutsam ab – ohne ihn zu bevormunden!
6. Erzählen Sie Ihre eigene Leidensgeschichte – das schafft Vertrauen!
7. Machen Sie den Ex nicht schlecht, auch wenn Sie noch so große Lust dazu haben!
8. Spielen Sie nicht Schicksal, indem Sie »zufällige« Begegnungen arrangieren!
9. Packen Sie den Leidenden nicht zu sehr in Watte – sonst fühlt er sich entmündigt!
10. Fragen Sie jeden Tag aufs Neue, womit Sie wirklich helfen können, denn Liebeskummer-Kranke sind unberechenbar!
11. Kümmern Sie sich um den Betroffenen, auch wenn es Ihnen manchmal schwer fällt!
12. Schieben Sie Ihre eigenen Bedürfnisse für eine Weile in die zweite Reihe!

## Wenn Sie gerade verlassen wurden

*20 Dinge, die Sie jetzt unbedingt unterlassen sollten*

1. Um Liebe betteln
2. Die ganze Schuld allein auf sich nehmen

3. Sich ohne ärztlichen Rat mit Tabletten betäuben
4. Unkontrolliert Alkohol trinken
5. Sich selbst durch Essensentzug bestrafen
6. Wahllos Süßigkeiten in sich hineinstopfen
7. Keinen Tagesrhythmus mehr einhalten
8. Den Job aufs Spiel setzen
9. Die finanzielle Sicherheit in Gefahr bringen
10. An den Ex geschriebene Briefe abschicken
11. Telefon- oder SMS-Terror machen – vor allem nachts
12. Den neuen Partner vom Ex schlecht machen und beschimpfen
13. Den Ex vor seiner Familie in die Pfanne hauen
14. Ständig da auftauchen, wo Sie den Ex und seine Neue treffen können
15. Dinge, die noch vom Partner stammen, wahl- und lieblos entsorgen
16. Freunde bitten, Ihnen dabei zu helfen, dass der Ex zurückkommt
17. Dinge tun, die Ihnen später peinlich sind oder die Sie wieder einholen könnten
18. Sexuelle Abenteuer eingehen, damit der Schmerz nachlässt
19. Ihren Ex-Lovern vermitteln, Sie wären wieder zu haben
20. Von Ihren Freunden verlangen, dass Sie sich zwischen Ihnen und Ihrem Ex entscheiden.

## Reden, reden, reden, damit Sie an Ihrem Kummer nicht ersticken

Wer Liebeskummer hat, droht an diesem Gefühl zu ersticken. Angst schnürt ihm die Kehle zu. Panik blockiert den Atem. Das Herz rast, und die Gedanken drehen sich im Kreis. Wieder und wieder. Ohne Entrinnen – jedenfalls, wenn Sie niemanden haben, mit dem Sie jetzt reden können.

Silvia: »In der ersten Schockphase ist nichts wichtiger als reden, reden, reden. Das erlebe ich bei meiner Arbeit jeden Tag aufs Neue. Kommt ein Klient zum ersten Mal in meine Praxis, besteht die akute Hilfe darin, dass ich zuhöre, den Betroffenen auffange und ihm eine Schulter biete. In diesem Moment bin ich für den Leidenden die wichtigste Person auf der Welt, weil er mir alles erzählen kann. Weil ich uneingeschränkt zuhöre und ihn nur unterbreche, um ihm zu helfen, seine Gedanken, Eindrücke und Gefühle zu ordnen. Wer in Panik ist, hat keinen roten Faden mehr. Kann ohne fremde Hilfe keinen klaren Gedanken fassen und keine Linie erkennen.

Als Hausaufgabe nehmen die Klienten aus der Liebeskummer-Praxis die Aufforderung mit, alles genau aufzuschreiben. Das ist wie ein Tagebuch, in dem alle Gefühle und Wahrnehmungen, alle Erinnerungen, aber auch die Wünsche für die Zukunft aufgezeichnet werden. Dabei werden die Gedanken sortiert und die Empfindungen klarer.«

Wie weit reichend und bedeutsam solche Übungen und Gespräche sein können, soll folgendes Beispiel verdeutlichen:

*Lothar* (35), seit fünf Jahren mit *Ines* (33) verheiratet, findet im Handyspeicher seiner Frau Hinweise auf einen anderen Mann. Ines gibt schließlich zu, einen Geliebten zu haben. Es kommt zum Riesenkrach, danach zur Trennung. Sechs Wochen später sucht Lothar, der durch das Internet von der Liebeskummer-Praxis erfahren hat, Silvia Fauck auf.

Silvia: »In der ersten Stunde hat Lothar nur geredet, und ich habe zugehört. In der zweiten musste er aufschreiben, welche Eigenschaften und Wesensmerkmale seiner Frau ihn glücklich und welche ihn unglücklich gemacht haben. Das war sehr aufschlussreich. Als ich Lothar fragte, ob er mit dieser Frau Kinder haben wollte, fiel es ihm wie Schuppen von den Augen. Das, was ihn unbewusst schon lange gestört hatte, kam nun ans Tageslicht. ›Natürlich nicht‹, entfuhr es ihm überrascht. ›Alles, nur das nicht! Als Mutter für meine Kinder stelle ich mir eine ganz andere Frau vor‹.«

Weitere Gespräche vertieften diese neue Erkenntnis. Lothar

nabelte sich komplett von seiner Frau ab, fand mit Silvias Hilfe eine neue Wohnung und schrieb später auf ihre Internetseite: »Sie sind das Beste, was mir in diesem Jahr passiert ist, denn ohne Sie hätte ich den Absprung nie geschafft.«

Das Reden bei Liebeskummer hilft aber auch dabei, für sich selbst herauszufinden, was einem in dieser Krise gut tut. Auch hier gilt: Es gibt keine goldene Regel. Manche Menschen haben bei Herzeleid das Bedürfnis, sich komplett abzukapseln, möchten sich in ihrer Wohnung verkriechen, mit einer Flasche Wein oder einer Schachtel Pralinen im Bett bleiben oder stundenlang in der Badewanne liegen. Andere müssen so schnell wie möglich aus dem einst gemeinsamen Nest ausbrechen, weil sie das Alleinsein nicht ertragen. Sie ziehen vorübergehend zu ihren Eltern oder zu Freunden. Müssen aufgefangen und betreut werden.

Das Schwerste dabei: Gerade starke und erfolgsgewohnte Menschen müssen nun lernen, Hilfe zuzulassen und anzunehmen. Das fällt vor allem männlichen Klienten oft nicht leicht. Auf einmal sind sie die Schwachen, die »Unterlegenen«, die auf andere angewiesen sind. Das kratzt nicht selten an ihrem Selbstbewusstsein und muss regelrecht trainiert werden.

Silvia: »Am schlimmsten ist das für Geschäftsleute und Topmanager, die Tag für Tag für Tausende von Menschen Entscheidungen treffen und Millionen-Etats verwalten. Plötzlich stehen Sie auf der anderen Seite des Lebens, können die körperlichen und seelischen Schmerzen, die der Liebeskummer ihnen bereitet, nicht ertragen. Das wirft sie regelrecht um.«

Doch nicht nur das. Silvia: »Besonders schwierig ist es für meine Klienten, der Wahrheit ins Auge zu sehen. Sie können und wollen nicht begreifen, dass sie nun alleine sind. Sie schwanken zwischen Hoffen und Bangen, zermartern sich mit ihrer Ambivalenz. ›Das kann doch gar nicht sein‹, argumentieren sie in einem Moment. ›Wir waren doch erst vor drei Monaten zusammen im Urlaub. Haben immer davon gesprochen, dass wir uns nie trennen wollen. Haben erst vor wenigen Tagen zum letzten Mal miteinander geschlafen. Das kann nur ein Missverständnis sein. Er kommt bestimmt wieder. Etwas anderes ist gar nicht möglich.‹ – Im nächsten Moment sieht plötzlich alles ganz anders aus. Jetzt ist die gleiche Klientin sicher: ›Natürlich kommt er nicht zurück. Ich habe ihn verloren, habe alles falsch gemacht. Es ist aus und vorbei. Bestimmt ist da längst eine andere.‹«

Diese Zweifel sind nicht nur berechtigt, sondern in vielen Fällen auch nachvollziehbar – wie in Silvias ganz persönlichem Fall. Noch kurz vor der Trennung sagte ihre große Liebe zu ihr: »Wir sind uns näher als nah. Die Liebe zur dir nehme ich mit in mein Grab. Ich werde nie wieder eine Frau so intensiv lieben wie dich!« – Kein Wunder, dass Silvias Gefühle anschließend im Dreieck sprangen, oder?

Die quälenden Zwiegespräche über den Schmerz müssen sein. Wenn nicht mit einer Therapeutin oder einem Therapeuten, dann mit einem guten Freund. Weil jedes ausgesprochene Wort ein Stückchen Klarheit schafft und davor schützt, dass der Kummer einem die Sprache verschlägt.

Sprechen und schreiben Sie, wann immer Sie können. Schreiben Sie – wenn Ihnen danach ist – seitenlange Briefe an Ihren Ex. Werfen Sie ihm alles an den Kopf, was Sie schon immer loswerden wollten. Oder lassen Sie Ihre ganze Sehnsucht und Ihre Verzweiflung in diese Zeilen fließen. Flehen, drohen, bitten oder argumentieren Sie – wonach Ihnen gerade der Sinn steht. Nur eins tun Sie bitte nicht: Diese Briefe jemals abschicken! Sie halten darin Zwiesprache mit Ihrer verletzten Seele und helfen ihr dadurch wieder auf die Beine. Das geht nur Sie, aber nicht den Ex etwas an.

## Mit einer Strichliste die Gefühle ordnen

Akuter Liebeskummer, das haben wir nun gesehen, stürzt uns in ein solches Gefühlschaos, dass so einfache Dinge wie Essen, Trinken, Schlafen und Arbeiten nicht mehr funktionieren. Mehr noch: Wir können keinen klaren Gedanken fassen und sind nicht in der Lage, unsere durcheinander geratenen Emotionen zu begreifen. Jedenfalls nicht ohne praktische Hilfestellung. Und die ist eigentlich ganz einfach.

Silvia: »In der schlimmsten Anfangsphase fordere ich meine Klienten auf, eine Art Strichliste zu führen. Sie sollen auf einem großen Blatt Papier die positiven und negativen Eigenschaften des ehemaligen Partners aufschreiben. Manchmal beschrifte ich auch fünfzehn Briefumschläge mit Worten wie:

Liebe
Sex
Treue
Geborgenheit
Freundschaft
Achtung
Respekt
Verantwortung
Familienwunsch
Humor
Unterstützung im Job
Aktive Mithilfe im Alltag
Gemeinsamer Freundeskreis
Gemeinsame Freizeitgestaltung
Finanzielle Unterstützung

Danach bitte ich die Klienten, daraus sechs für sie bedeutsame Umschläge auszuwählen und das jeweilige Thema in Bezug zu dem ehemaligen Partner zu setzen. Was dabei herauskommt, ist oft mehr als erstaunlich.

Viele Klienten merken erst jetzt oder beim Erstellen der Strichliste, dass der Ex nur sehr wenig von dem, was ihnen wichtig war, wirklich erfüllt hat. Sie stellen beispielsweise völlig verblüfft fest, dass sie in Krisensituationen fast nie Unterstützung gefunden haben und sehr oft einsam waren. Oder sie merken, dass sie mit ihrem Wunsch nach gemeinsamen Wochenendunternehmungen allein standen. Oder in der Beziehung weder Achtung noch Geborgenheit gefunden haben. Oder nicht gemeinsam lachen konnten. Die Liste ließe sich beliebig lang fortsetzen.

Dieses Erkennen der Realität beseitigt nicht zwangsläufig den Liebeskummer. Es sorgt auch nicht für Erleichterung, weil man einen Menschen, der ganz offensichtlich nicht besonders gut zu einem gepasst hat, nun endlich los ist. Aber der Betroffene begreift, wie wenig er in der gerade zerbrochenen Beziehung auf seine wirklichen Bedürfnisse geachtet hat und wie unzulänglich diese erfüllt wurden. Er sieht, wie wenig er die Realität wahrgenommen hat und nimmt sich vor, sich den nächsten Partner genauer anzugucken und mehr dafür zu tun, dass die eigenen Prioritäten nicht wieder hintangestellt werden. Und das ist ein tröstlicher und Mut machender Gedanke.«

Diese Strichliste, so hat Silvia bei ihrer Arbeit in der Liebeskummer-Praxis festgestellt, ist auch dann hilfreich, wenn sich ein Klient nicht zwischen der Ehefrau und der Geliebten entscheiden kann. Er wird nun aufgefordert, die beiden Beziehungen miteinander zu vergleichen. Das sieht dann so aus: Bei welcher Frau findet er mehr Geborgenheit? Mehr Verständnis? Mehr Wärme? Mit welcher Partnerin fühlt er sich im Bett, im Alltag, in der Freizeit wohler? Welche Erwartungen und Hoffnungen verbindet er – mit der Ehefrau und mit der Geliebten? Wie stellt er sich seine Zukunft mit der Ehefrau und der Geliebten, nur mit der Ehefrau oder nur mit der Geliebten vor?

Oft werden erst durch diese Fragen die tatsächlichen Gefühle und Wünsche deutlich, so dass eine Entscheidung getroffen werden kann.

»Das ist der Idealfall«, so Silvia. »Aber ich erlebe auch Paarsituationen, in denen zunächst gar keine Lösung angestrebt wird, obwohl ständig Stress herrscht.«

Hier dazu das passende Fallbeispiel:

*Jochen* (43) und *Carmen* (44), beide seit über zwanzig Jahren verheiratet, haben eine Liebesbeziehung, die trotz der großen räumlichen Trennung schon seit rund acht Jahren aufrechterhalten wird. Diese Liaison lebt von zwei zusätzlichen Handys mit eigenen Nummern und von heimlichen Begegnungen in romantischen Hotels, die auf halber Strecke zwischen den jeweiligen Wohnorten liegen. Beide Partner haben von Anfang an betont, dass sie sich nie von ihren Familien trennen werden.

So weit scheint das Ganze ein perfektes Arrangement, in dem eigentlich kein Raum für Liebeskummer sein dürfte. Möchte man jedenfalls meinen. Aber Carmen leidet Höllenqualen. Nach jedem verbotenen Treffen fiebert sie den zärtlichen Anrufen und heißen SMS-Botschaften ihres Lovers regelrecht entgegen. Laufen diese nicht prompt genug ein, bricht ihre Welt zusammen.

In der Praxis von Silvia sucht sie Rat und Hilfe, denn inzwischen sitzt sie auf einem Pulverfass, weil sie von ihrer 18-jährigen Tochter mit dem zweiten Handy in der Hand erwischt wurde und keine überzeugende Erklärung dafür abgeben konnte.

Silvia: »Hier kann die oben erwähnte Strichliste sehr hilfreich sein, denn es muss so schnell wie möglich eine Entscheidung getroffen werden, wenn das Ganze nicht demnächst eskalieren soll.«

# Quicktest: Was ist besser für Sie?

## Ein Ende mit Schrecken oder ein Schrecken ohne Ende?

Wenn Sie schlimmen Liebeskummer haben, das betonten wir schon, fällt es Ihnen äußerst schwer, Ihre eigene Situation nüchtern zu betrachten und richtig einzuschätzen. Noch schwerer ist es, in diesem Zustand, der zwischen Hoffen und Bangen und tiefster Verzweiflung schwankt, eine Entscheidung zu treffen. Es scheint so viel einfacher, sich vom Schmerz übermannen zu lassen und dieser emotionalen Versteinerung nachzugeben. In solchen Phasen hoffen wir unbewusst, irgendein äußeres Ereignis würde dafür sorgen, dass die Fronten plötzlich geklärt sind und wir wieder wissen, wo es langgeht und was wir wollen.

Nun, meistens tritt dieses Ereignis nicht ein. Jedenfalls nicht im richtigen Moment. Und so verharren wir weiter in diesem unbefriedigenden Status quo und gestatten es dem Kummer, die Regie über unser Leben zu übernehmen.

Das ist jedoch nicht nur in hohem Maße unbefriedigend, sondern auch gefährlich, denn dieses Abwarten in ängstlich geduckter Haltung macht auf Dauer kreuzunglücklich und krank – seelisch und körperlich.

Damit Sie aus diesem Teufelskreis herauskommen, möchten wir Sie ermutigen, sich die nachfolgenden Fragen einmal genau anzuschauen und sie dann absolut ehrlich zu beantworten. Zunächst nur für sich. Ohne Ihren Partner. Finden Sie heraus, wo Sie partnerschaftlich stehen!

Erst wenn Sie wirklich Bilanz gezogen haben, sind Sie in der Lage, die schwierigste Frage zu beantworten, die einem Liebenden überhaupt gestellt werden kann. Natürlich kennen Sie sie. Sie lautet: *Ist ein Ende mit Schrecken vielleicht doch besser als ein Schrecken ohne Ende?*

*Frage 1: Wie geht es Ihrem Herzen?*

Fühlen Sie sich geliebt?
Fühlen Sie sich von Ihrem Partner geachtet und respektiert?
Fühlen Sie sich gesund, oder funkt Ihr Körper SOS?
Haben Sie meistens gute Laune?
Ist Ihr Partner da, wenn Sie ihn brauchen?
Fühlen Sie sich beschützt?
Haben Sie das Gefühl, Ihr Partner ist Ihnen treu?
Können Sie mit Ihrem Partner frei lachen?
Freuen Sie sich, Ihren Partner zu sehen?
Haben Sie Sex mit ihm?
Fühlen Sie sich an seiner Seite wohl?
Hört Ihr Partner Ihnen zu?

*Oder?*

Fühlen Sie sich Ihrem Partner gegenüber minderwertig?
Haben Sie Mühe, mit anderen zu sprechen, wenn Ihr Partner dabei ist?
Engt er Sie ein, und macht er Sie klein?
Fühlen Sie sich oft kaputt und ausgelaugt?
Kritisiert er Sie vor anderen?
Haben Sie das Gefühl, er wäre Ihnen nicht treu?
Ist es Ihnen eigentlich ganz angenehm, wenn er auf Geschäftsreise ist?
Sind Sie erleichtert, wenn er oft seinen Hobbys nachgeht?
Haben Sie den Wunsch, alleine in Urlaub zu fahren?
Stören Sie die Tischmanieren Ihres Partners?
Wollen Sie mit seinem Job und seinen anderen Belangen möglichst wenig belästigt werden?
Ist Ihnen jede Ausrede recht, um keinen Sex haben zu müssen?

*Frage 2: Wie fühlen Sie sich?*

Unterstreichen Sie alle Eigenschaften, von denen Sie meinen, dass sie auf Sie zutreffen:

*Fröhlich, locker, frei, stark, belastbar, kompetent, strahlend, aufgeräumt, aufgehoben, bestätigt, beschützt, akzeptiert, geachtet, umsorgt, gleichberechtigt, geschätzt, für voll genommen, in sein Leben integriert, verstanden, geliebt.*

*Oder?*

*Deprimiert, wertlos, leer, unfähig, inkompetent, ängstlich, feige, kränklich, schüchtern, unterdrückt, aggressiv, hässlich, abstoßend, einsam, missverstanden, gelangweilt, ruhelos, enttäuscht, gedemütigt, ausgenutzt, hintergangen, ungeliebt.*

*Frage 3: Wie schätzen Sie sich sein?*
Ergänzen Sie folgende Sätze möglichst spontan!

Ich bin ein Mensch, der ..................................
Ich bin stolz darauf, dass ..............................
Ich gebe ungern zu, dass ................................
Ich kann nicht verzeihen, dass ..........................
Ich fühle mich schuldig, weil ...........................
Wäre mir mein Ruf egal, würde ich ......................
Mein Partner tut mir weh, wenn .........................
Ich ärgere mich, wenn mein Partner .....................
Was ich von meinen Eltern gebraucht hätte, aber nie bekommen habe ..........................................
Was ich von meinem Partner gebraucht hätte, aber nie bekommen habe .......................................

*Frage 4: Sind Sie mit Ihrem Leben zufrieden?*
Mit Ihrem Familienstatus?
Mit Ihrem Sexleben?
Mit den Hobbys in Ihrem und seinem Leben?
Mit Ihren Finanzen?
Mit Ihrem Beruf?
Mit Ihrer Familie?
Mit Ihren Freunden?

Mit Ihrer Freizeit und Ihrem Urlaub?
Mit Ihren Wohnverhältnissen?
Mit Ihrem Wohnort?
Mit Ihrer äußeren Erscheinung?
Mit der äußeren Erscheinung Ihres Partners?

Lassen Sie die Fragen und vor allem Ihre Antworten nun erst eine Weile auf sich wirken. Entscheiden Sie nicht sofort, ob Sie Ihren Partner bitten möchten, sich ebenfalls diesem Quicktest in Sachen Liebe zu unterziehen. Seine Antworten und die damit verbundenen Diskussionen könnten Sie und Ihre ehrliche Zwiesprache mit Ihrer Seele beeinflussen. Schlafen Sie erst einmal zwei, drei Nächte darüber – und entscheiden Sie zunächst gar nichts. Aber: Achten Sie auf Ihre Gefühle und auf Ihre Träume! Sie werden Ihnen helfen, das Richtige zu tun.

Wenn Sie trotzdem nicht weiterwissen, sollten Sie sich einen Coach, eine psychologische Beratung oder eine Therapie gönnen, um innere Klarheit zu gewinnen. Und: Machen Sie sich – alleine oder mit professioneller Hilfe – bewusst, woher Ihre etwaige Unzufriedenheit kommt. Liegen die Gründe dafür, dass Sie im Moment nicht besonders glücklich sind, wirklich an Ihrer Beziehung? Oder doch ganz woanders? Bedenken Sie: *Nicht alles, was Ihr Herz bedrückt, muss automatisch Liebeskummer sein!*

## Weinen befreit und löst die innere Erstarrung

Männer weinen nicht. Wie echte Indianer kennen sie keinen Schmerz. Das ist nicht nur hinreichend bekannt, sondern in vielen Familien leider immer noch Grundlage der Erziehung. Auch wenn in vielen klugen Ratgebern davor gewarnt wird, kleine Jungen schon im Elternhaus zu harten und unbeugsamen »ganzen Kerlen« zurechtzustauchen, ist der Umgang mit Verlusten, Schmerzen und vermeintlichen Niederlagen zwischen Männern und Frauen auch heute noch sehr unterschiedlich.

Silvia: »Wenn ein Mann in meiner Praxis vor lauter Kummer in Tränen ausbricht, entschuldigt er sich sofort. Innerhalb von Sekunden. Sein Weinen ist ihm peinlich und in höchstem Maße unangenehm. Er versucht krampfhaft, es zu unterdrücken, weil er es als Schwäche und persönliches Versagen ansieht. Immer wieder muss ich ihn ermutigen, seinen Tränen freien Lauf zu lassen. Ich muss ihm erklären, wie wichtig es ist, dass sich die Verkrampfung löst, dass etwas fließt. Trotzdem schämt er sich weiter.«

Manche Menschen können in der ersten Phase aber nicht weinen. Sie sind wie erstarrt. Ihr Gesicht sieht aus wie eine Maske. Ihre Bewegungen sind marionettenhaft. Während ihrer Ausbildung bekam Silvia von ihrer Mentorin für diese Situation folgenden Rat: »Schicken Sie diese Klienten mit einer großen Packung Taschentücher und mehreren traurigen oder sentimentalen Videos nach Hause. Sie sollen sich mit diesen Filmen so lange zurückziehen, bis die befreienden Tränen fließen.«

Wir alle wissen aus Erfahrung: Haben wir unseren Kummer nicht hinreichend betrauert und beweint, sitzen die Tränen äußerst locker. Ein schiefer Blick, ein falsches Wort – und schon heulen wir los. Zum Glück, denn schon der Volksmund weiß: *»Jede ungeweinte Tränen kommt als körperliches Symptom zurück.«* Deshalb unser Rat: Versuchen Sie gar nicht erst, das befreiende Weinen abzukürzen oder gar zu unterdrücken. Es muss sein und wird sich so lange immer wieder zurückmelden, bis es seine wohltuende und lindernde Wirkung getan hat. Auch alter Seelenkummer, den Sie in Ihrem Alltag vielleicht jahrelang weggedrückt haben, wird nun systematisch mit beweint. Das ist wie eine reinigende Seelenwäsche, die Sie sich auf keinen Fall versagen sollten.

Dazu ein dramatisches Fallbeispiel aus der Liebeskummer-Praxis.

*Holger* (42), hoch dotierter Stararchitekt, verliert seine Frau durch eine Krebserkrankung und bleibt mit der einjährigen Tochter zurück. Schon wenige Monate nach der Beerdigung begegnet er der jungen, bildhübschen *Martina* (25), die gerade dabei ist, sich als Architektin ebenfalls einen Namen zu machen. Schnell kommt es zu intimen Kontakten. Martina wird schwanger. Es wird geheiratet. Kurz danach werden zwei weitere Kinder geboren. Ende gut, alles gut?

Ganz und gar nicht. Silvia: »Martina kommt zu mir in die Praxis. Sie ist verzweifelt. Sie hat Holger nie geliebt. Er sie auch nicht. Ihre Ehe ist am Ende. Man trennt sich. Alle Kinder bleiben bei ihr. Finanziell gibt es keine Probleme. Holger findet sie großzügig ab. Trösten kann sie das jedoch nicht.«

Was ist passiert? Hier sind sich zwei Menschen begegnet, die das, was ihnen widerfahren ist, nicht betrauert haben. Holger hat den Tod seiner geliebten ersten Frau nie richtig verkraftet, nie beweint. Erst jetzt, nach der Trennung von Martina, geht er regelmäßig auf den Friedhof und hält stumme Zwiesprache mit der Mutter seines ersten Kindes.

Martina lernt bei Silvia, ihre schwierige Kindheit aufzuarbeiten. Sie hatte einen weichen, labilen Vater, der in der Familie wenig Einfluss hatte. Zu ihrer Mutter, einer harten und dominanten Frau, hat sie nie eine harmonische Beziehung aufbauen können, denn diese war auf das hübsche Aussehen und die Intelligenz ihrer Tochter immer eifersüchtig. Sie strafte Martina entweder mit Nichtachtung oder Vorwürfen.

Silvia: »Hier haben die ungeweinten Tränen ein glückliches Miteinander von Holger und Martina verhindert. Der nicht bearbeitete Schmerz stand ihnen vom ersten Moment an im Weg. Erst mit ihren nächsten Partnern haben Holger und Martina eine Chance auf eine harmonische Beziehung, weil die Trauer dann bewältigt ist.«

Ähnlich dramatisch die Liebes- und Leidensgeschichte von *Ralf* (45), einem Ingenieur aus Süddeutschland. Vier Jahre lang hat er versucht, die Trennung von seiner Freundin als Bagatelle abzutun. Weder in der Firma noch in der Liebeskummer-Praxis war er bereit, über seinen Schmerz zu reden oder gar ihn zu bearbeiten.

Silvia: »Er wurstelte immer weiter, hetzte von Termin zu Termin und versuchte vor allen zu verbergen, dass er verlassen worden war. Bis er vier Jahre nach der Trennung ausgerechnet im Urlaub mit einem Herzinfarkt zusammenbrach und erst während der Reha begann, sein persönliches Drama zu beweinen und zu betrauern. Nur so hatte er eine Chance, nicht nur körperlich, sondern auch seelisch zu gesunden.«

## Rituale können helfen und heilen

Im ersten Schock nach der Trennung sind wir wie erstarrt. Wir schleichen herum wie Zombies und wissen mit uns und unserer Zeit nichts anzufangen, weil nichts mehr Sinn macht. Wollen wir uns jedenfalls einreden. Stimmt aber nicht.

Professor Dr. Rolf Verres[5], Ärztlicher Direktor der Abteilung Medizinische Psychologie an der Uni Heidelberg, hat den Einfluss von Ritualen auf den Heilungsverlauf von seelischen und körperlichen Erkrankungen untersucht. Er hat herausgefunden, dass sich stets wiederholende, gleich bleibende Handlungen keineswegs Humbug sind, sondern ein probates Mittel, einem bestimmten Augenblick eine tiefsinnige, heilende Bedeutung zu geben. Das ist wie ein bewusstes Innehalten und Hinschauen, bei dem sämtliche Sinne angeregt werden.

Sanfte Musik, angenehme Düfte und eine wohltuende Beleuchtung in einer geschmackvollen Umgebung – das sind gute Voraussetzungen, um die Selbstheilungskräfte, die auch in Ihnen stecken, zu aktivieren. Und zwar auch dann, wenn Sie gerade höllisch unter Liebeskummer leiden. Einzige Bedingung: Sie müssen aktiv mitmachen und können nicht länger in Ihrer Erstarrung verharren.

Machen Sie aus dem Abschiednehmen von Ihrem ehemaligen Partner ein Ritual. Zünden Sie Kerzen an, und legen Sie Ihre gemeinsame Lieblingsmusik auf. Halten Sie genug Taschentücher bereit, und holen Sie die Fotos vom letzten Urlaub oder der letzten Fete aus dem Schrank. Schauen Sie sich jedes Bild noch einmal genau an, ehe Sie es in einen Schuhkarton legen, der nach diesem Kraftakt verschnürt in den Keller oder auf den Dachboden wandert.

Nehmen Sie sich nun seine Liebesbriefe vor. Lesen Sie sie noch einmal durch, auch wenn das wehtut und die Tränen fließen. Tragen Sie das Bündel ebenfalls in den Keller, oder machen Sie ein regelrechtes Ritual daraus, die Briefe einzeln zu verbrennen. Oder im Garten zu vergraben. Das darf sich ruhig wie eine Art Beerdigung anfühlen, denn dabei spüren Sie, wie Sie einen Schlussstrich ziehen und die Endgültigkeit der Trennung zu begreifen beginnen.

Wenn Sie das noch nicht schaffen, stellen Sie sein Bild vor sich hin. Schauen Sie es so lange an, bis die Konturen vor lauter Tränen verschwimmen. Wenn es sein muss, wiederholen Sie dieses Ritual jeden Abend – bis Sie eines Tages merken, dass es eintönig wird.

Schlafen Sie noch ein paar Nächte in seinem T-Shirt, das er bei Ihnen vergessen hat. Kuscheln Sie sich auf seine Seite des Bettes. Wieder und wieder. Bei sanfter Musik. Verabschieden Sie sich von seinem Geruch, der noch in den Kissen steckt.

Gestalten Sie einen Abend so, als wäre er noch da oder käme zu Besuch. Kochen Sie sein Lieblingsessen. Decken Sie einen festlichen Tisch – und essen Sie dann beide Portionen alleine auf.

Gönnen Sie sich abends ein luxuriöses Schaumbad. Mit Kerzen, schöner Musik und schummeriger Beleuchtung. Kuscheln Sie sich danach in den weichen Riesenrolli, den er immer so »schlampig« fand, obwohl er Ihr liebstes Stück ist.

Tun Sie also ganz bewusst all jene Dinge, die er gar nicht mochte und die daher in seiner Gegenwart unterlassen wurden. Würzen Sie herzhaft mit Knoblauch. Essen Sie den Nachtisch vor der Vorspeise. Telefonieren Sie eine halbe Nacht lang mit Ihrer besten Freundin oder Ihrer Mutter. Schauen Sie sich eine wunderbare Schnulze von Rosamunde Pilcher an, auch wenn zur gleichen Zeit ein Fußballländerspiel läuft. Oder gerade deshalb.

Hören Sie Elvis oder Sinatra, obwohl er diese »alten amerikanischen Schinken« nicht ausstehen konnte.

Drehen Sie die Musik so laut, wie es bei den hellhörigen Wänden überhaupt nur möglich ist. Und tanzen Sie! Ganz alleine. Bis zum Umfallen. Auf Strümpfen. Nackt. Oder in dem Kleid, das er immer so besonders an Ihnen mochte. Wie es gerade für Sie richtig ist.

Schreiben Sie ihm jeden Tag einen neuen Brief. Möglichst immer zur gleichen Zeit. Am gleichen Platz. Mit dem gleichen Kuli. Vertrauen Sie dem Ex alles an – aber schicken Sie nichts ab.

Führen Sie ein Tagebuch. Seitenweise. Mit allen großen Gefühlen und allen winzigen Details.

Wenn Sie wieder so weit sind, dass Sie die Wohnung verlassen können, machen Sie sich schön, auch wenn Ihnen das noch sinnlos vorkommt. Schminken Sie sich, aber kaufen Sie vorher wasserfeste Wimperntusche.

Fahren Sie zu Ihrer besten Freundin, nehmen Sie eine Flasche Wein mit und gucken Sie *La Boum*, selbst wenn das wieder ein paar Packungen Taschentücher kostet.

Flirten Sie, wenn Sie es irgendwie hinkriegen, was das Zeug hält. In der Straßenbahn, im Kaufhaus, in der Kneipe oder im Büro. Dabei werden Sie merken: Wenn andere Sie wahrnehmen, nehmen auch Sie sich wieder mehr zur Kenntnis. Als ein Ich. Nicht mehr nur als ein Wir. Es geht jetzt nicht darum, sich einen neuen Typen an Land zu ziehen, sondern darum, dem angeknacksten Selbstbewusstsein wieder auf die Beine zu helfen. Und dabei ist jedes Mittel recht.

*Gegen Liebeskummer können Sie sich sogar versichern*

Und wenn das alles nichts hilft – dann gibt es eine Versicherung gegen Liebeskummer[6]. Ja, Sie haben richtig gelesen. Die gibt es wirklich. In Hamburg direkt, und natürlich im Internet anzuklicken. Die Idee, die dahintersteckt, ist bestechend einfach: Für eine recht bescheidene Gebühr versichern sich die Mitglieder sozusagen gegenseitig. Sie wissen natürlich, dass sie den durch ein gebrochenes Herz entstandenen Schaden nicht rückgängig machen können. Aber jeder kennt irgendeinen Trick, eine »Prämie«, wie er dem Zu-Schaden-Gekommenen im schlimmsten Moment helfen kann: durch einen gemeinsamen Ausflug vielleicht, eine durchzechte Nacht, eine lange Aussprache, einen Besuch im Kino oder im Zoo.

Das funktioniert wie eine Selbsthilfegruppe. Jeder hilft jedem – und hofft dabei inständig, dass der Kelch erneuten Liebeskummers an ihm selbst vorübergeht.

Und: Die ersten Kontakte zwischen den Helfern und den Hilfesuchenden erfolgen ohne Angabe von Alter und Geschlecht, denn dieser Service für das gebrochene Herz soll nicht als Partnerbörse verstanden werden.

Entwickelt hat diese geniale Idee der Künstler Till Haupt. Für einen Beitrag von € 15 kann sich jeder, der um sein Herz bangt, diese Versicherung zulegen. Haupt: »Das ist wie eine soziale Performance. Man nimmt dabei die gestalterische Kraft der anderen in Anspruch, wenn die eigene Kreativität aufgrund des Kummers gerade auf Eis liegt.« Symbolisiert wird das Ganze durch ein halbes Herz aus Blei, das jeder erhält, der dank der »Love-Insurance« künftig nicht allein sein möchte, wenn der nächste Kummer zuschlägt.

Geholfen wird unbürokratisch, schnell und vor allem fantasievoll. So bietet ein Mitglied an, mit dem oder der Betroffenen eine Collage aus Fotos und anderen Gegenständen des Partners zu erstellen. Ein anderes Mitglied lädt zu einem Trommelerlebnis am Elbstrand ein. Aber auch ein Brauereibesuch, bei dem ein kräftiger Schluck auf den Kummer getrunken wird, soll und kann gegen den ersten Schock helfen.

Aber – und das ist ganz wichtig: Halten Sie sich nicht für einen Versager oder eine Versagerin, wenn Sie in der ersten Zeit nach der Trennung kein einziges Ritual hinkriegen, keinen Kontakt zur Liebeskummer-Versicherung herstellen oder sich von keinem einzigen Foto, das Ihren ehemaligen Schatz zeigt, trennen können. Auch das ist normal.

Dazu Silvia: »Als ich verlassen wurde, halfen mir die Erkenntnisse und Erfahrungen, die ich bei meiner Arbeit als Psychologische Beraterin gesammelt hatte, zunächst gar nichts. Drei Wochen lang habe ich noch jede Nacht im Pullover meines Verflossenen geschlafen. Ein Jahr lang konnte ich keine Musik hören und kein Buch lesen. Alles, was schön ist, konnte ich nicht ertragen. Ruhe, angenehme Düfte, Kerzenschein, wohlige Schaumbäder – ich konnte das alles nicht aushalten. Es war nicht daran zu denken, dass ich seine Sachen in den Keller brachte. Seine Fotos habe ich wieder und wieder hervorgeholt und stundenlang angesehen. Schließlich habe ich mich von einer esoterischen Heilerin beraten lassen. Sie schlug mir folgendes Ritual vor: Ich sollte alles, was noch von meinem Geliebten in meiner Wohnung war, zu einem Bündel zusammenschnüren und einen Zettel mit den Worten daran heften: ›Gruß ans Universum. Bitte, bitte lass mich los!‹ Geholfen hat das zunächst gar nichts. Tag und Nacht habe ich von diesem Mann geträumt, in jeder Sekunde an ihn gedacht. Erst die Zeit hat allmählich meine Wunden geheilt, ganz langsam, Schritt für Schritt. – Warum ich hier noch einmal über diese abgrundtiefe Verzweiflung spreche? Weil ich diese Erfahrung Ihnen teilen möchte, um Ihnen zu vermitteln: Auch dieses Verhalten ist in Ordnung. Gestatten Sie sich, notfalls monatelang nichts unternehmen zu können, um den inneren Abschied von Ihrer großen Liebe zu bewältigen. Nur Sie selbst können erspüren, wie lange Sie dafür brauchen.«

## Bieten Sie der Morgendepression Paroli

Liebeskummer ist hartnäckiger und hinterhältiger als eine Klette. Er lässt sich weder abschütteln noch bewusst dosieren. Oft meldet er sich gerade dann umso heftiger zurück, wenn wir zum ersten Mal tief durchatmen und zaghaft zu hoffen beginnen, das Schlimmste nun hinter uns zu haben.

Lassen Sie sich von Ihrer Seele nicht verrückt machen! Sie

weiß, was sie tut. War der Schmerz eine Weile erträglicher als sonst, so bedeutet das lediglich: Ihre Psyche hat mal Pause gemacht vom anstrengenden Verarbeiten. Hat sich eine kurze Auszeit genommen, um wieder zu Kräften zu kommen. Damit sie sich demnächst mit neuem Schwung daranmachen kann, das innere Chaos anzugucken und so zu ordnen, dass Sie eines Tages damit leben und sogar wieder lachen und – lieben können.

Leider oder Gott sei Dank tickt unsere Seele nicht nach einem von uns erstellten Stundenplan. Wir können weder den Zeitpunkt, noch die Dauer der Trauer eigenmächtig festlegen. Aber: Wir können bestimmte Zyklen erkennen, die sich immer wiederholen und die uns daher die Möglichkeit geben, ihnen bewusst Paroli zu bieten, so schwer das im ersten Moment auch scheinen mag.

Die Rede ist von der typischen Morgendepression, die für jeden Menschen, der schon einmal richtigen (Liebes-)Kummer gehabt hat, eine alte Bekannte ist.

Schon abends, wenn wir schlafen gehen, postiert sie sich neben unserem Bett, um geduldig auf unser Aufwachen zu warten. Kaum sind wir wieder bei uns, haben noch nicht einmal die Augen geöffnet, ist sie da, unerbittlich und gnadenlos. Wie ein dunkles, schweres Tuch legt sie sich auf uns, drückt uns zurück auf die Matratze, versucht, jeden Muskel zu lähmen und jeden Impuls im Keim zu ersticken.

Wie verlockend scheint es, einfach im Bett zu bleiben, die Decke über den Kopf zu ziehen und den Tränen freien Lauf zu lassen. Wir haben ja gerade gelernt, wie wichtig und erlösend das sein kann.

Indes: Das hilft uns jetzt nicht wirklich weiter. Weil dieses Liegenbleiben den Kummer nur noch schlimmer macht und eine Eigendynamik entwickelt. Wir wollen nur noch einen Moment liegen bleiben, eine Stunde vielleicht – und schon kommen wir den ganzen Tag nicht mehr aus der Waagerechten.

Das ist nicht heilsam, sondern trägt noch zusätzlich zu unserer Verzweiflung und unserem heruntergekommenen Selbstwertgefühl bei, weil wir nichts mehr auf die Reihe kriegen und der Berg unerledigter Dinge immer größer wird.

Überrumpelt Sie der Liebeskummer schon morgens um vier, zu nachtschlafender Zeit also, sollten Sie trotzdem aufstehen. Wenigstens für eine Weile. Machen Sie sich einen Tee. Oder einen warmen Kakao. Setzen Sie sich an Ihren Schreibtisch oder den Küchentisch. Holen Sie sich Ihr Tagebuch und schreiben Sie alles auf, was Ihnen in den Sinn kommt. Oder schreiben Sie an Ihren Ex. Seitenweise, wenn es sein muss. Stecken Sie den Brief danach in einen Umschlag, kleben Sie ihn zu, und legen Sie ihn in die Schublade. (Aber schicken Sie ihn auf keinen Fall ab!) Nehmen Sie sich Zeit für dieses nächtliche Ritual. Wenn es sein muss, ein oder zwei Stunden. Und gehen Sie erst danach wieder ins Bett. Wahrscheinlich können Sie dann bald wieder einschlafen.

Wann auch immer die Morgendepression Sie begrüßt – bleiben Sie nicht liegen! Auch wenn Sie glauben, noch nicht wieder in Ihrem Job arbeiten zu können, sollten Sie unverzüglich aufstehen, duschen und sich anziehen. Bleiben Sie nicht im Schlafanzug oder Morgenmantel, ungewaschen und ungekämmt, auch wenn Sie sicher sein können, dass niemand klingeln wird. Tun Sie es für sich! Machen Sie sich einen Stundenplan. Ihr Tag braucht eine Struktur, um sich nicht endlos zu dehnen und zu einer Bedrohung zu werden.

Je sorgfältiger und vollständiger Ihr morgendliches Ritual ist, desto besser starten Sie in den Tag. Und desto schneller werden Sie beobachten, dass die übliche Morgendepression zu schwächeln beginnt. Haben Sie ihr bis gegen elf Uhr Paroli geboten, fällt sie gewöhnlich wie ein Kartenhaus in sich zusammen. Vor allem, wenn Sie ihr bereits erste Aktivitäten wie den Gang zum Supermarkt, eine kleine Runde Joggen oder eine Verabredung mit einer Freundin entgegensetzen konnten.

Klar, sie kommt abends, wenn es dunkel wird, höchstwahrscheinlich wieder und versucht erneut, Sie spätestens am nächsten Morgen endgültig in die Knie zu zwingen. Aber: Wenn Sie es einmal geschafft haben, ihr den Wind aus den Segeln zu nehmen, werden Sie es wieder schaffen und mit jedem energischen Aufstehen ein kleines Stück Selbstbewusstsein zurückgewinnen.

*Hannah* (38), eine äußerst attraktive und erfolgreiche Geschäftsfrau, verriet uns ihr Geheimrezept gegen die Lähmungsversuche morgendlichen Liebeskummers: »Je mieser ich drauf bin, umso hübscher mache ich mich. Auch wenn ich keinen einzigen Termin habe, hole ich meine tollsten Klamotten aus dem Schrank und kombiniere sie so lange, bis ich wirklich top aussehe. Dann trage ich mein bestes Make-up auf, mache mir die Haare und nicke meinem Spiegelbild aufmunternd zu. Meistens habe ich danach schon wieder so viel Schwung, dass ich mich aufraffe und etwas unternehme.«

Viele Mannequins und Models vertrauten Silvia an: »Wenn du ganz unten bist, nur nicht Turnschuhe oder irgendwelche Schlappen tragen. Die tollsten Stilettos, elegantesten Pumps oder höchsten Sandalen müssen her. Die machen dich größer, zwingen dich zu einem aufrechten Gang und dazu, dass du den Kopf wieder hoch trägst.«

Und noch etwas: Öffnen Sie ein Fenster, wenn Sie aufgestanden sind. Lassen Sie Luft und Licht herein. Sauerstoff tut Ihrem Körper und Licht Ihrer Seele gut – vor allem, wenn Sie ein paar Mal ganz tief durchatmen. Selbst wenn sich das anfangs noch wie ein Seufzen anhört – machen Sie weiter! Sie sind auf einem guten Weg!

# Tipps vom Fachmann

## Mit Bewegung und Ernährung den Kummer verscheuchen

(Den folgenden Beitrag hat der anerkannte Fachautor, Ernährungswissenschaftler und Coach für Fitness und Figur *Berend Breitenstein*[7] für uns und damit auch für Sie geschrieben. Dafür möchten wir uns an dieser Stelle noch einmal ganz herzlich bedanken.)

Liebeskummer – ein schrecklicher Zustand. Das Gefühl, dass sich ein geliebter Mensch gegen einen entschieden hat, ist nahezu unerträglich. Ich kenne dieses Gefühl und weiß daher aus eigener Erfahrung, wie positiv sich eine gesunde Ernährung und gut dosierte körperliche Aktivität gerade in Phasen tiefster Verzweiflung auf das psychische Wohlbefinden auswirken können. Ich hoffe, dass Ihnen der eine oder andere Tipp in Ihrer schweren Zeit helfen wird.

Lassen Sie sich nicht unterkriegen!

Zeigen Sie dem Liebeskummer die Zähne – mit körperlicher Bewegung und guter Ernährung.

Es funktioniert – ganz sicher!

## Mit Aktivität gegen den Liebeskummer

Hat der Liebeskummer Sie voll im Griff, dann ist es schwer, sich zu etwas aufzuraffen. Versuchen Sie dennoch, Ihren inneren Schweinehund zu überwinden und körperlich aktiv zu werden. Ob ausgiebige Spaziergänge, Laufen an der frischen Luft oder das Training im Fitnessstudio – Sport ist die beste Medizin gegen Herzbrennen. Denn dabei werden nicht nur Ihre Muskeln, sondern auch Ihr Gehirn besser durchblutet. Es kommt zu einer erhöhten Freisetzung von Endorphinen, diesen körpereigenen

Substanzen, deren Wirkung mit der von extern zugeführten Drogen wie Morphium oder Opium vergleichbar ist. Endorphine führen zu einem Glücksgefühl, wirken beruhigend und angstlösend.

*Gönnen Sie sich also durch Bewegung eine Extra-Portion dieser körpereigenen Glücklichmacher.*

Außerdem kommt es während körperlicher Aktivität zu einem Anstieg des Serotoninspiegels im Gehirn. Serotonin wird auch als »Glückshormon« bezeichnet, da es zu einem Gefühl des Wohlbefindens und der Zufriedenheit führt.

Besonders gut für die Psyche sind Wald- oder Strandläufe vor dem Frühstück. Die erwachende Natur wahrzunehmen und die frische Wald- bzw. Seeluft einzuatmen, das entspannt den Geist und ist ein großartiger Start in den Tag. Bewegung bei Tageslicht trägt ebenfalls zu einer erhöhten Serotoninfreisetzung bei und ist deshalb sehr empfehlenswert für das Erzeugen eines guten mentalen Gefühls.

Nach der anschließenden Dusche, am besten heiß und kalt im Wechsel, werden Sie sich wie neugeboren fühlen und positiv gestimmt sein. Diese stimmungsaufhellende Wirkung durch sportliche Aktivität ist natürlich auch zu anderen Tageszeiten zu erzielen. So sind beispielsweise eine erholsame Laufeinheit, ein entspannender Spaziergang oder eine gute Trainingseinheit im Fitnessstudio mit Gewichten ein idealer Übergang in den Abend oder ein guter Abschluss des Tages.

Die Kombination von Ausdauer- und Krafttraining bringt nicht nur die besten Erfolge hinsichtlich der körperlichen Fitness, sondern ist auch für das psychische Wohlbefinden optimal. Laufen, Radfahren oder Schwimmen führen zu der wunderbaren Wahrnehmung eines gut funktionierenden Herz-/Kreislauf-Systems. Übungen mit Gewichten geben Ihnen das tolle Gefühl von straffen und starken Muskeln – eine wahrhaft königliche Kombination!

Damit Sie nicht nur seelisch, sondern auch körperlich den größten Nutzen aus der Bewegung ziehen, dürfen Sie sich nicht überanstrengen. Zwar sollten Sie sich in Ihrem Bewegungsprogramm nicht verhätscheln, aber zu viel des Guten, sprich zu häufige und zu intensive Trainingseinheiten bringen eher Frust als Lust.

Ideal in Zeiten des Liebeskummers ist ein wechselnder Rhythmus von einem Tag Ausdauertraining gefolgt von einem Tag Training im Fitnessstudio. Falls Sie bisher noch nicht regelmäßig sportlich aktiv waren, lassen Sie es bitte ruhig angehen. 15 bis 30 Minuten Ausdauertraining, ein einstündiger Spaziergang oder 30 bis 45 Minuten Übungen an Geräten im Fitnessstudio – das ist für den Anfang genug.

Wenn Sie bereits im Training sind, erzielen Sie mit einer Dauer von 30 bis 45 Minuten für Ihr Ausdauerprogramm und maximal 60 Minuten für die Übungen im Studio beste Ergebnisse. Die Intensität sollte so bemessen sein, dass Sie sich während des Laufens, Radfahrens, Schwimmens oder während der Teilnahme an Fitnesskursen im Studio noch gut mit einem eventuellen Trainingspartner unterhalten könnten.

Bei den Übungen im Fitnessstudio empfiehlt es sich, die Trainingsgewichte so zu wählen, dass Sie pro Übungsdurchgang zwischen 15 und 20 Wiederholungen des entsprechenden Bewegungsablaufs ohne Pause in einem fließenden, aber nicht ruckartigen Tempo absolvieren können. Fühlen Sie in Ihren Körper hinein, spüren Sie, welche Reaktionen die Bewegung in Ihrem Organismus auslöst. Genießen Sie diese Empfindungen während und im Anschluss an Ihr Training.

Ob Sie lieber alleine, mit einem Partner oder in der Gruppe trainieren, ist Ihre ganz persönliche Entscheidung. Da ist jeder Mensch anders. Der eine trainiert in Zeiten seelischer Belastung lieber ruhig und für sich, während der andere die Geselligkeit vorzieht. In jedem Fall aber ist körperliche Aktivität ein exzellentes Mittel, um den Liebeskummer zu lindern und die Gedanken wieder mehr in Richtung auf das eigene Ich zu lenken, als ausschließlich an die unglückliche Liebe zu denken.

## Die ideale Anti-Liebeskummer-Ernährung

Die Ernährung zeigt nicht nur Auswirkungen auf unser körperliches Erscheinungsbild, sondern beeinflusst auch in hohem Maße unser psychisches Wohlbefinden. Art und Menge der verzehrten Lebensmittel wirken sich sowohl auf die körperliche, als auch auf die geistige Verfassung aus. Dabei sind die drei Säulen Mäßigkeit, Vielfältigkeit und Regelmäßigkeit die Grundlagen der gesunden Ernährung. Eine dem körperlichen Aktivitätsniveau angepasste Kalorienzufuhr, kombiniert mit der breiten Auswahl an Lebensmitteln und regelmäßiger Nahrungsaufnahme, stellt die Versorgung mit allen für den menschlichen Organismus lebenswichtigen Nähr- und Vitalstoffen sicher und ist damit ein wesentlicher Bestandteil einer Lebensführung mit hohem Wohlfühlfaktor.

Tatsächlich gibt es eine ganze Anzahl an Lebensmitteln, die sich aufgrund ihrer speziellen Inhaltsstoffe positiv auf unsere Stimmung auswirken. Im Folgenden finden Sie eine kurze Auflistung einiger dieser Stoffe in der Nahrung und Beispiele für Lebensmittel, in denen sie enthalten sind:

**Aminosäuren**

Aminosäuren sind Eiweißbausteine. Die folgenden Aminosäuren werden auch als »Nerveneiweiße« bezeichnet, da eine ausreichende Versorgung mit ihnen für die Bewältigung von mental anstrengenden Lebensabschnitten – wie beispielsweise das Leiden unter Liebeskummer – besonders wichtig ist:

*Tryptophan*
*Methionin*
*Histamin*
*Tyrosin*
*Phenylalanin*

*Vorkommen:* Fisch, Geflügel, Fleisch, Eier, Milch- und Milchprodukte, Vollkorngetreide

*Tryptophan*

Tryptophan ist eine essenzielle, also lebensnotwendige Aminosäure. Es trägt zur Bildung des Serotonins bei, das als Hormon in der Gehirnregion vorkommt.

*Vorkommen:* Fleisch, Fisch, Geflügel, Bananen, Nüsse, Käse, Avocado, Tomaten, Sonnenblumenkerne

*Serotonin*

Serotonin ist ein so genannter Neurotransmitter, also ein Botenstoff, der Signale innerhalb unseres Zentralnervensystems überträgt, so dass sich die Nervenzellen untereinander verständigen können. Serotonin wirkt sich positiv auf die mentale Verfassung aus und wird geläufig auch als »Glückshormon« bezeichnet.

*Vorkommen:* Bananen, Ananas, getrocknete Datteln, Avocado, Tomaten

*B-Vitamine*

Der Bedarf am so genannten Nervenvitamin B1 ist in Krisensituationen erhöht. Aber auch andere Vitamine der B-Gruppe wie beispielsweise Vitamin B5 (Pantothensäure) oder B12 sind wichtig für ein starkes Nervenkostüm.

*Vorkommen:* Vollkorngetreide, Vollkornreis, Fleisch, Milch, Eier

*Lecithin*

Lecithin ist eine fettähnliche Substanz und zählt zu der Gruppe der so genannten Phospolipide. Lecithin ist Bestandteil der Zellhüllen, beispielsweise von Gehirn- und Nervenzellen, und wichtig für eine gesunde Nervenfunktion. Es wird vom Körper selbst gebildet und findet sich in größeren Mengen in den nachfolgend aufgelisteten Lebensmitteln.

*Vorkommen:* Buttermilch, Walnüsse, Eier, Mais, Erbsen, Sojaprodukte

*Magnesium*

Auch als »Anti-Stress-Mineral« bekannt, ist der Mineralstoff Magnesium wichtig für starke Nerven und kann so bei Liebeskummer dazu beitragen, in eine etwas entspanntere Gemütsverfassung zu kommen.

*Vorkommen:* Vollkorngetreide, Gemüse, Bananen, Geflügel, Milch und Milchprodukte

*Capsaicin*
Capsaicin ist der Stoff, der roten Chilischoten ihre Schärfe gibt. Tatsächlich kann der Verzehr von Chili zu einer verbesserten Stimmung führen, was unter Experten als »Pepper-High« (Pfeffer-Hoch) bekannt ist. Aufgrund der hohen Schärfe von Chilischoten wird dem Gehirn Schmerz übermittelt, den es durch eine erhöhte Ausschüttung von Endorphinen zu bekämpfen gilt. Das wiederum führt zu einer gelösten, euphorisierenden Stimmung.

*Wasser*
Wasser als das »Elixier des Lebens« ist nicht nur Hauptbestandteil unseres Körpers, sondern auch für eine reibungslose Gehirnfunktion wichtig. Bereits ein Flüssigkeitsverlust von zwei Prozent führt zu Konzentrationsstörungen und Leistungsverlusten. Um klar denken zu können, ist es daher wichtig, täglich mindestens zwischen 1,5 und 2 Liter Wasser zu trinken.

Am besten Sie platzieren Flaschen mit Wasser an jenen Orten, an denen Sie sich häufig aufhalten, zum Beispiel am Arbeitsplatz, im Auto oder einfach zu Hause in Sichtweite. So können Sie zwischendurch immer mal einen Schluck nehmen, so dass das Erreichen der empfohlenen Trinkmenge kein Problem ist.

## Gegen den Liebeskummer ist ein Kraut gewachsen

Wenn der Liebeskummer Sie so richtig gefangen hält, sollten Sie neben körperlicher Bewegung und der richtigen Ernährung für einige Wochen zusätzlich Johanniskraut einnehmen. Die Heilwirkung dieser Pflanze ist seit langem bekannt. Ihre positive Auswirkung auf die seelische Verfassung wurde im Mittelalter entdeckt.

Damals galten Menschen mit psychischen Problemen nicht als krank, sondern als »vom Teufel besessen«. Johanniskraut wurde daher als »Teufelsaustreiber« verabreicht. Heute wird Johanniskraut erfolgreich bei Verstimmungen und leichten Depressionen eingesetzt. Der Hauptwirkstoff Hyperforin hilft, das biologische Gleichgewicht der Nervenzellen im Gehirn wieder herzustellen. Wichtig sind die regelmäßige Einnahme und die Auswahl eines qualitativ hochwertigen Präparates. In der Apotheke oder im Reformhaus wird man Sie diesbezüglich beraten.

## Ein Tag gegen den Liebeskummer

Der folgende Bewegungs- und Ernährungsfahrplan soll Ihnen helfen, einen regelrechten »Anti-Liebeskummer-Tag« zu gestalten, der Sie im Laufe der Zeit zurück zu Lebensfreude und Vitalität führt.

* *Vor dem Frühstück: Bewegung*
Falls Sie ein Morgenmensch sind, den es in den frühen Stunden des Tages nicht mehr im Bett hält, dann belebt das frühmorgendliche, auf nüchternen Magen absolvierte Ausdauertraining nicht nur Körper und Geist, sondern ist auch höchst effektiv für die Verbrennung von Körperfett. Auch das morgendliche Training mit Gewichten ist eine sehr gute Möglichkeit, gleichzeitig etwas für Ihre Figur und Ihr Körpergefühl zu tun und den Tag wohlgestimmt zu starten!

*Tipp:* Natürlich kann das Bewegungsprogramm auch auf eine andere Tageszeit, zum Beispiel auf die frühen Abendstunden, verlegt werden, wenn das besser zu Ihrem persönlichen Biorhythmus und Ihrem Tagesablauf passt.

* *Frühstück:*
5–7 Esslöffel Haferflocken, 1 Becher Naturjoghurt (150g), 1 Portion frisches Obst (zum Beispiel Banane, frische Ananas, Apfel), 1–2 Esslöffel Sonnenblumenkerne, 1 kleine Hand voll Rosinen

*oder:*

Haferwaffeln / Haferpfannkuchen:

5–7 Esslöffel feine Haferflocken mit 4 Eiklar und 1 Eigelb mischen. Dazu 1–2 Esslöffel Sonnenblumenkerne und eine kleine Hand voll Rosinen geben. Alles durchmischen, den Teig dann portionsweise auf ein Waffeleisen oder in die Pfanne geben. Dazu frisches Obst nach Wahl reichen.

*oder:*

Omelette aus 4 Eiweiß und 1 Eigelb, 1–2 Scheiben Vollkornbrot, Gemüsebeilage (z. B. Tomate, Gurke, Zwiebel)

* *Snack* (ca. 2 bis 3 Stunden nach dem Frühstück): Kleine Hand voll Nüsse (zum Beispiel Mandeln, Cashewkerne)

*oder:*

250g Quark mit frischen Früchten

* *Mittag:*

1 große Portion gemischter Salat aus grünem Blattsalat, Tomaten, Zwiebeln. Als Dressing: 1–2 Esslöffel Olivenöl und 2–3 Esslöffel Balsamicoessig

200 g – 300 g Geflügel (Huhn oder Pute) oder Fisch nach Wahl. (Wenn es schnell gehen soll, tut es auch gut eine Dose Thunfisch in Wasser.)

Je nach Appetit: Kleine Beilage Nudeln, Reis oder Kartoffeln.

*Tipp*: Zu viele Kohlenhydrate in Form von Nudeln, Reis oder Kartoffeln am Mittag können schläfrig machen. Besser wäre deshalb Gemüse mit Proteinbeilage und kaltgepresstem Olivenöl mit Balsamicoessig

*oder:*

Gemüsesuppe, wahlweise mit Reisbeilage

* *Snack*

1 Becher Buttermilch (Größe nach Wahl), 1 Banane

*oder:* 1–2 Riegel Bitterschokolade mit mindestens 85 % Kakaoanteil

**Abend:*
Käseplatte mit Weintrauben und 1–2 Scheiben Vollkornbrot

*oder:*

200 bis 300 g Fleisch, Geflügel oder Fisch mit Gemüse (als Salat oder gedünstet), dazu roter Chili

**Fazit:**
Liebeskummer ist eine Zeit schwerer seelischer Belastung. Ein gut dosiertes Bewegungsprogramm in Kombination mit einer gesunden Ernährung, die reichlich Lebensmittel mit natürlichen Stimmungsaufhellern beinhaltet, ist ein exzellentes und bewährtes Mittel, um dem Gefühlsmix aus Depression, Antriebsschwäche, Selbstzweifel und Minderwertigkeitskomplexen zu entkommen.

Wenn Sie erst einmal mit diesem Programm angefangen haben, wird jeder Tag besser. Das heißt: Sie werden wieder ein intensiveres und positiveres Gefühl für Ihren Körper bekommen, und auch Ihr Geist wird erfrischt sein. Mit der Zeit werden Sie wieder optimistisch in die Zukunft blicken.

In einer solchen Verfassung und mit der daraus resultierenden positiven persönlichen Aura, kann es durchaus passieren, dass Ihnen ein Mensch über den Weg läuft, mit dem Sie sich schon bald mehr als nur Freundschaft vorstellen können und der Sie als neuer Partner ein Stück durch Ihr Leben begleiten wird.

Mit den besten Wünschen für eine glückliche Zukunft

*Berend Breitenstein*

Hamburg, im März 2006

## Schlagen Sie dem Alleinsein ein Schnippchen

Im schlimmsten Liebeskummer werden viele von uns zu reinsten Höhlentieren. Wir möchten uns verkriechen, unsichtbar sein und können weder unsere besorgten Verwandten noch unsere wohlmeinenden Freunde ertragen. Deren Aufmunterungsversuche gehen uns genauso auf die Nerven wie das unbeholfene Trösten von Eltern oder Geschwistern.

In dieser Phase wächst die Gefahr, dass wir uns in unser Leid einspinnen wie in einen Kokon und uns darin irgendwann richtig zu Hause fühlen. So entsteht eine fatale Eigendynamik, weil der Kummer in unserem Alltag eine immer größere Rolle spielt.

Raus aus dem Alleinsein, lautet jetzt die Devise. Doch das ist leichter gesagt als getan. Schaffen Sie sich Anreize und Verpflichtungen, damit Sie aus Ihrer Erstarrung und Ihrer Lethargie herauskommen. Spielen Sie nicht nur mit dem Gedanken, mal wieder ins Fitnesscenter zu gehen, sondern unterschreiben Sie gleich einen Vertrag. Zweimal die Woche. Möglichst immer zur gleichen Zeit. Termine und Routine sind wunderbare Rettungsanker.

Gehen Sie wieder in den Tennisclub. Zum Handballspielen. In eine Wandergruppe, die sich sonntags trifft, wenn Ihnen sowieso immer die Decke auf den Kopf fällt.

Vielleicht können Sie Ihren Ehrgeiz so weit wachkitzeln, dass er Sie drängt, einen Segelschein zu machen. Oder sich einer Gruppe anzuschließen, die sich morgens zum Nordic Walking trifft. Oder einem Ruderclub beizutreten. Oder endlich Tango zu lernen. Das wollten Sie doch schon immer, oder?

Regelmäßiges Tanzen ist ohnehin die beste Streicheleinheit für Ihr verletztes Ego. Suchen Sie sich einen entsprechenden Verein, der gleichzeitig Tanzpartner vermittelt. Das Bewegen zu rhythmischer Musik ist nicht nur Balsam für Ihre angegriffene Seele und eine wunderbare Therapie bei Depressionen, sondern möbelt Sie gleichzeitig dermaßen auf, dass sich höchstwahrscheinlich ein erstes Lächeln auf Ihr Gesicht stiehlt.

Zählt aktiver Sport nicht gerade zu Ihren Hobbys, können Sie auch in einem Schachclub gut aufgehoben sein oder beim Kartenspielen in geselliger Runde. Oder in einem Bastel- oder Aquarellkurs. Beim Töpfern oder bei der Seidenmalerei. Gerade solche Betätigungen, die mit handwerklicher Geschicklichkeit verbunden sind, erweisen sich als hilfreich und aufbauend, weil

Sie zu keinem anderen Zeitpunkt kreativer und visionärer sind als ausgerechnet beim größten Liebeskummer.

Die Liste möglicher Aktivitäten ließe sich beliebig fortsetzen. Wichtig ist nur, dass Sie unter Leuten sind, neue Gesichter um sich haben und eine regelmäßige terminliche Verpflichtung eingehen, die Sie zum Verlassen der Wohnung zwingt. Reden Sie sich aber nicht ein, Sie würden gleich eine neue Liebe kennen lernen, wenn Sie nur das Haus verlassen. Sie brauchen im Moment keinen Geliebten, sondern Hobbypartner, Sportkumpel, Freunde, um wieder ins Leben zurückzufinden.

Aber: Überfordern Sie sich nicht! Muten Sie sich in der ersten Zeit nicht zu, alleine ins Kino zu gehen, weil gerade jener Film läuft, den Sie eigentlich noch mit Ihrem Schatz sehen wollten. Auch lange Spaziergänge in Ihrem ehemaligen gemeinsamen Lieblingspark oder abendliches Joggen an dem kleinen Bach, den Ihr Ex immer favorisiert hat, tun Ihnen nicht gut. Im Theater oder auf Vernissagen werden Sie sich ebenfalls nicht besonders wohl fühlen, wenn Sie dort bis vor kurzem noch als Paar aufgetreten sind. Neugierige Fragen, wo Ihr Partner denn geblieben ist, können Sie momentan nur schlecht verkraften.

Seien Sie gnädig mit sich selbst. Hören Sie auf Ihre innere Stimme. Sie wird Ihnen sagen, welche Aktivitäten außerhalb Ihrer eigenen vier Wände richtig und heilsam sind – und welche nicht.

## Alptraum Wochenende

Wochenenden und Feiertage sind hinterhältige Kummerfallen, in die Sie unweigerlich hineinplumpsen, wenn Sie nicht vorgesorgt haben. Das fängt schon damit an, dass Sonnabend und Sonntag höchstwahrscheinlich auch in Ihrem bisherigen Partnerleben für die Liebe und gemeinsame Aktivitäten reserviert waren. Sie und Ihr Schatz haben vielleicht gern im Bett gefrühstückt. Oder sind in den neuesten Film gegangen. Oder haben zusammen gekocht und noch ein, zwei andere Pärchen zum Essen eingeladen. Sie sind ins Blaue gefahren, auf Feten gegangen oder haben lange Spaziergänge gemacht. Sie haben gemeinsame Hobbys gepflegt und zusammen Sport getrieben.

All das ist nun vorbei.

Bleiben Sie alleine das ganze Wochenende im Bett, können Sie nur heulen.

Rufen Sie andere Pärchen an, läuft nur der AB, weil die ja was vorhaben.

Haben Sie was gekocht, kriegen Sie alleine keinen Bissen herunter.

Das Büro ist geschlossen, die Kaufhäuser sind es ebenfalls. Die Innenstädte sind tot oder nur von solchen Menschen bevölkert, denen Sie schon von weitem ansehen, dass sie ebenfalls depressiv sind und Ihnen bestimmt nicht aus dem Schlamassel helfen können.

Besuchen Sie Ihre Eltern, geht die alte Leier wieder los, dass Sie sich nun endlich mal zusammenreißen sollen.

Was also tun?

Seien Sie ehrlich zu sich selbst! Machen Sie sich nicht erst am Freitagabend klar, dass Wochenenden und Feiertage für Singles Feinde und für Liebeskranke Katastrophen sind – wenn Sie nicht vorsorgen.

Erstellen Sie einen richtigen Stundenplan! Sie müssen zeitlich versetzte Rettungsanker haben, wenn Sie nicht ins Bodenlose stürzen wollen.

Verändern Sie Ihre früher übliche Wochenendroutine. Sie sollten jetzt nicht ausgerechnet jene Dinge tun, die Ihnen zusammen mit Ihrem Ex immer so viel Spaß gemacht haben.

Suchen Sie auch nicht ausgerechnet bei befreundeten Pärchen Trost. Deren Geturtel können Sie momentan nicht gut verkraften. Und die Ihr langes Gesicht auch nicht.

Seien Sie aber auch ehrlich mit anderen! Bitten Sie Bekannte oder Kollegen, mit denen Sie früher nicht unbedingt zu tun gehabt haben müssen, um Unterstützung. Laden Sie sich notfalls selbst zu deren Aktivitäten ein, wenn Sie halbwegs sicher sein können, dass diese Ihnen gut tun und dass Ihre Gegenwart den anderen recht ist.

Oder laden Sie ein, zwei gute Freundinnen zum Essen ein. Es lenkt Sie ab, die nötigen Einkäufe zu machen und etwas Leckeres zu kochen. Ein festlich gedeckter Tisch, Kerzenbeleuchtung und schöne Musik vertreiben wenigstens für eine Weile die trübe Stimmung aus Ihrer Wohnung.

Planen Sie einen Wochenendtrip! Studieren Sie das Angebot der Städtereisen. Damit Sie aus den eigenen vier Wänden herauskommen und eine andere Umgebung und andere Gesichter sehen.

Verlieren Sie die Angst vor dem nächsten Urlaub! Natürlich fahren Sie jetzt nicht gerade auf die Insel, auf der Sie mit Ihrem ehemaligen Partner so wunderbar geflittert haben. Buchen Sie doch mal einen Cluburlaub. Auf einem Schiff. An Land. Hauptsache, Sie sind am Ferienort nicht allein, sondern vom ersten Moment an in einer Gruppe. Gemeinsame Mahlzeiten, gemeinsamer Sport und andere gemeinsame Aktivitäten lenken nicht nur prima ab, sondern helfen Ihnen auch, Abstand zu gewinnen und sich dadurch ein bisschen von Ihrer schweren Trauerarbeit zu erholen.

Studieren Sie aber auch die Kleinanzeigen Ihrer Lokalzeitung. Sie werden überrascht sein, was in Ihrer unmittelbaren Umgebung alles angeboten wird. Das geht vom Flohmarkt über Singletreffs bis hin zum gemeinsamen Besuch von Vernissagen oder Museen. Schließen Sie sich solchen Gruppen an, auch wenn Sie im ersten Moment überhaupt keine Lust dazu haben. Sie werden sich wundern, wie leicht sich neue Kontakte ergeben und wie schnell die Zeit plötzlich vergeht, wenn Sie nicht mehr nur alleine zu Hause sitzen und alte Briefe lesen.

Vor allem aber: Sorgen Sie vor für anstehende Feiertage! Ob es nun Ostern, Weihnachten, Silvester oder Ihr Geburtstag ist – planen Sie die Feste völlig anders, als Sie sie mit Ihrem Partner immer gestaltet haben. Geben Sie eine Single-Fete. Verabreden Sie sich mit Ihren Freundinnen im Schwimmbad oder in der Sauna. Fahren Sie zu Bekannten. Kaufen Sie für sich und eine Freundin Karten für das angesagteste Musical – möglichst in einer anderen Stadt, damit Sie aus Ihrer Routine und der Trauerfalle herauskommen. Und: Sperren Sie sich nicht, wenn Ihnen ein Wochenende oder ein Festtag plötzlich schon wieder richtig Spaß macht. Das darf und das soll sein!

Jede Genesung verläuft in Wellen. Auch die von Liebeskummer. Rückschläge kommen von ganz allein, auch wenn die Abstände zum Glück immer größer werden. Genießen Sie daher ganz bewusst die Phasen relativen Wohlbefindens. Sie sind wie Kraftoasen. Zapfen Sie diese an, wenn ein neuer Absturz droht. Sie werden merken: Allmählich fallen Sie nicht mehr ganz so tief. Und das lässt doch hoffen, oder?

## Wenn der Ex plötzlich wieder vor Ihnen steht

Wenn die erste Erstarrung hinter Ihnen liegt und Sie bereits angefangen haben, sich wieder mutig unter Leute zu trauen, lauert eine ganze andere Gefahr auf Sie: Dass Sie plötzlich Ihrem Ex wieder in die Arme laufen oder ihn auf der anderen Straßenseite sehen. Hoffentlich alleine, wahrscheinlich aber in Begleitung Ihrer Nachfolgerin. Schwer verliebt, lachend, ausgelassen. Und so mit seinem neuen Glück beschäftigt, dass er Sie im ersten Moment gar nicht wahrnimmt.

Was nun?

Davor, dass Ihr Ex unerwartet vor Ihnen steht, können Sie sich nur begrenzt schützen. Sie können – vor allem in der schmerzlichen Anfangsphase – jene Plätze, Veranstaltungen, Vereine oder Freundeskreise meiden, wo mit seinem Auftauchen zu rechnen ist. Das vermindert zwar die Wahrscheinlichkeit einer unverhofften Begegnung, schließt sie aber nicht hundertprozentig aus.

Machen Sie sich also auf diese Eventualität gefasst! Spielen Sie sie in Gedanken wieder und wieder durch. Trainieren Sie notfalls mit guten Freunden oder einem Therapeuten diesen Supergau, indem Sie jede mögliche Einzelheit einer solchen Begegnung beleuchten. Denn es ist zehnmal besser, Ihrem Gefühlschaos in den schützenden Wänden einer Praxis oder einer Wohnung ausgesetzt zu sein, als es auf offener Straße zu erleben.

Sprechen Sie über Ihre Emotionen. Machen Sie sich bewusst, dass der hinterste Winkel Ihrer Seele immer noch glaubt, Ihr Ex müsse nur einen einzigen Blick auf Ihr (im Zweifelsfall verheultes) Gesicht und Ihren mager gewordenen Körper werfen, um reumütig zu Ihnen zurückzukehren. Der kindliche Teil von Ihnen ist vielleicht sogar sicher, auf der Mitleidschiene Erfolg zu haben. Das sieht dann so aus: »Er wird merken, wie schlecht es mir ohne ihn geht. Das wird sein Gewissen wachrütteln. Er kann mich in meinem Schmerz nicht einfach alleine lassen.«

Glauben Sie uns, er kann – und er wird!

Silvia: »Nichts ist für einen Menschen unerotischer und unattraktiver, als den ehemaligen Partner oder die ehemalige Partnerin verheult, dürr und nervlich fertig zu erleben. Das sorgt höchstens für ein schlechtes Gewissen und den Wunsch, diese Begegnung so schnell und so endgültig wie möglich zu beenden. Schafft der Verlassene es dagegen, strahlend, lachend und möglichst auch noch in toller Begleitung aufzutauchen, wendet sich das Blatt. Da kann derjenige, der die Beziehung beendet hat, sich plötzlich als Verlierer empfinden, während der andere triumphiert.«

Wie unterschiedlich ein Wiedersehen mit dem Ex wahrgenommen werden kann, zeigen die folgenden Fallbeispiele:

*Laura* (23) begegnet ihrem Ex-Lover *Leo* acht Monate nach der schmerzlichen Trennung auf einem Straßenfest in ihrem Heimatort. Sie geht auf ihn zu, fragt ihn, wie es ihm geht. Ist nach außen hin wahnsinnig cool und gefestigt. Doch schon einen Tag nach diesem unverhofften Wiedersehen bricht sie in Silvias Liebeskummer-Praxis zusammen. Sie muss erneut einen Psychotherapeuten aufsuchen und sich noch einmal Psychopharmaka verschreiben lassen, um wenigstens für eine Weile ruhig gestellt zu sein. Silvia: »Lauras Liebeskummer hat noch einmal bei Null wieder angefangen. Alles, was sie an Selbstvertrauen und Abstand aufgebaut hatte, wurde in diesem einzigen Moment wieder zerstört.«

Doch ein unfreiwilliges Wiedersehen kann auch anders ausgehen:

*Leonie* (34) trifft ihren ehemaligen Geliebten *Julian* zufällig auf der Straße. Er ist nicht allein. Die neue Frau an seiner Seite ist das genaue Gegenteil der zierlichen und attraktiven Leonie. Sie ist groß, breit und dominierend. Neben ihr wirkt Julian gedrungen, glanzlos, ziemlich unauffällig und, so Leonie später zu Silvia, »irgendwie heruntergekommen. Seine Neue trug ein total unpassendes Outfit aus den Achtzigern. Da wurde mir schlagartig klar, dass sich Julian bei mir nur verirrt hatte. Wenn er mit einem solchen Trampel glücklich sein konnte, hatte er bei mir nichts verloren. Ich war in jedem Fall optisch die weitaus bessere Wahl gewesen. Diese Erkenntnis tat mir wahnsinnig gut. Mein Kummer ließ deutlich nach.«

Auch *Sophia* (28) profitierte davon, dass sie *Fabian* (30), bis vor kurzem ihre ganz große Liebe, noch einmal sah. »Er fuhr auf der anderen Straßenseite«, so berichtete sie in der Liebeskummer-Praxis, »und hat mich wahrscheinlich sofort erkannt. Ich habe mich jedoch abgewandt. Ich wollte nicht, dass er mich begrüßte. Aber: Für mich war dieser Moment wichtig. Fabian saß im Auto seiner neuen Freundin. Wieder einmal. Wie damals bei mir. Wieder hatte er sich eine Frau gesucht, die den ganzen Tag arbeitete, während er das Leben als ewiger Student genoss und in einem fremden Wagen durch die Gegend gurkte. Er selbst hat ja nie einen Wagen besessen. Da habe ich erkannt, dass er nie erwachsen werden wird. Fabian wird ewig der egoistische Schnorrer bleiben, ohne Ehrgeiz und ohne Gewissen. Es hat mir zwar nicht gut getan, ihn noch einmal zu sehen, aber ich habe kapiert, dass ich bei diesem Mann nichts verloren habe.«

## Ein ganz besonderes Drama: Das Ende einer Büro-Liebe

In allen Ratgebern werden Sie davor gewarnt, sich mit einem Partner einzulassen, der im gleichen Büro oder Geschäft arbeitet wie Sie. Andererseits besagen sämtliche modernen Statistiken, dass sich die meisten Paare am Arbeitsplatz finden und die Firma somit die ergiebigste Singlebörse und der aussichtsreichste Heiratsmarkt der Welt ist.

Was ist da naheliegender als immer wieder Liebeskummer im Job?

Der ist nicht nur häufig, sondern auch besonders schlimm, weil man nicht einfach aus dem Leben des anderen verschwinden kann, sondern weiterhin Seite an Seite in irgendeiner Form funktionieren muss.

*Was also tun? Mit dem Ex-Lover, aber Noch-Kollegen?*

Silvia: »In den seltensten Fällen lässt sich die elegante Lösung verwirklichen, dass der Betroffene offen mit dem Chef spricht, um seine Versetzung in eine andere Niederlassung bittet und einfach wegzieht. Viel häufiger ist es so, dass beide Partner in der gleichen Firma bleiben und bei einem offenen Gespräch einen gemeinsamen Weg finden müssen, wie sie künftig miteinander umgehen. Das funktioniert nur, wenn beide an einem Strang ziehen und jeder Alleingang vermieden wird, weil der andere sonst immer blockt. Notfalls muss der Vorgesetzte oder Abteilungsleiter eingeschaltet werden, damit die Arbeitsbereiche weitgehend voneinander getrennt werden können.«

Noch schwieriger kann es werden, wenn zwei (Ehe-)Partner, die gemeinsam ein Geschäft aufgebaut haben, sich eines Tages trennen. Gut, wenn einer den anderen auszahlen und das Ganze alleine weiterführen kann. Aber: Oft wollen oder müssen beide auch künftig zusammenarbeiten. Müssen nach außen hin eine Einheit verkörpern und die gleichen Interessen vertreten. Das ist ohne klare Absprachen und große Kompromisse, bei denen beide über ihren Schatten springen, nicht möglich.

Weil eine solche Situation so einschneidende Emotionen wie Existenzangst, Liebeskummer, Wehmut, Eifersucht, Trauer, Verzweiflung, Hass, Wut und Ohnmacht hervorbringen kann, gelingt das notwendige Zusammenraufen auf geschäftlicher Ebene oft nicht ohne professionelle Unterstützung. Paartherapeuten, Mediatoren, Motivationstrainer oder gemeinsame Vertraute können helfen, die Gefühle so weit zu ordnen, dass die Zusammenarbeit wieder oder weiterhin funktioniert.

Die Erfahrung hat gezeigt, dass ehemalige Partner durch ein solches Zusammenwirken eines Tages oft zu guten Kameraden oder gar Freunden werden können, weil sie es geschafft haben, Privates und Berufliches dauerhaft zu trennen.

Nennen wir diesen Erfolg einfach das »Beckenbauer-Syndrom«, denn der »Lichtgestalt« des internationalen Fußballs ist es doch auch gelungen, zu sämtlichen Verflossenen ein harmonisches und respektvolles Verhältnis zu bewahren, das als nachahmenswert bezeichnet werden kann. Und auch Boris Becker, Howard Carpendale und Till Schweiger gehen freundlich mit ihren ehemaligen Frauen um.

Aber seien wir an dieser Stelle doch mal ganz ehrlich: Wenn genug Geld vorhanden ist, um nach der Trennung auf beiden Seiten angenehme und lebbare Verhältnisse zu schaffen, dann ist ein faires Miteinander nicht unbedingt ein emotionaler Balanceakt und eine große Kunst. Bleiben jedoch beide Partner nach dem emotionalen Auseinandergehen beruflich verbunden und in finanziell klammen Verhältnissen zurück und machen sie sich verständlicherweise gegenseitig für diese Misere verantwortlich, ist das Erhalten der Freundschaft eine ganz andere und wesentlich kompliziertere Sache.

Wie schwierig das Fortbestehen kollegialer Fairness nach einer Trennung im Büro sein kann, zeigen folgende Beispiele aus der Liebeskummer-Praxis.

Silvia: »*Jost*, leitender Angestellter einer Speditionsfirma in München, hatte mit *Sofia*, einer sehr jungen, sehr hübschen Sekretärin, drei Monate lang ein leidenschaftliches Verhältnis. Sofia beendete die Beziehung jedoch, weil ihr Jost zu ernst, zu alt, zu gesettelt war und sie mehr Spaß haben wollte. Jost war am Boden zerstört und suchte bei mir Rat. Es gelang ihm nicht, Sofia loszulassen und die Trennung zu akzeptieren. Er bewarb sich um jede Geschäftsreise, jede Tagung und jeden Außendienst, um seiner ehemaligen Geliebten nicht im Betrieb begegnen zu müssen.«

War Jost unterwegs, ging alles gut. Hatte er dagegen Innendienst und traf unweigerlich mit Sofia zusammen, klingelte bei Silvia mitten in der Nacht regelmäßig das Telefon. Jost war dann außer sich und überhäufte seine ehemalige Freundin mit Anschuldigungen. Besonders schlimm war das nach einer betrieblichen Silvesterfeier, bei der Sofia digitale Fotos gemacht hatte, die sie anschließend an die Kolleginnen und Kollegen weiterleitete. Da flippte Jost aus und machte der Sekretärin die Hölle heiß. Ihre Arbeitsmoral, so ließ er sie erbost wissen, ließe erheblich zu wünschen übrig. Er müsse ernsthaft darüber nachdenken, ob er seine Beobachtungen nicht demnächst der Geschäftsleitung mitteilen würde.

Silvia: »Das Ganze wird in dem Moment eskalieren, in dem Sofia einen neuen Freund hat. Das wird Jost nicht aushalten können. Ich kann nur hoffen, dass er es ist, der als Erster eine neue Liebe findet. Sonst endet diese ehemalige Büroaffäre in einer einzigen Katastrophe.«

Ähnlich dramatisch der Fall eines Paares, das eine gemeinsame Model-Agentur hat und jahrelang Tag und Nacht beruflich und privat zusammen war. »Als die Liebe zerbrach«, so Silvia, »kamen zunächst beide in meine Praxis. Sie haben sich ernsthaft bemüht, das Beste aus der Situation zu machen. Aber es ist ihnen nicht gelungen. Die Frau war dominant und brutal. Sie hat ihren Mann mehrfach geschlagen und seine Eltern unter dem Einfluss von Alkohol grob beschimpft. Nach kurzer Zeit hat sie ihrem Mann verboten, weiterhin meine Praxis aufzusuchen. Er war ihr nach dem Coachen durch mich zu stark, zu autark und zu selbstständig geworden. Sie konnte danach mit ihm nicht mehr machen, was sie wollte. Das hat sie gewurmt. Bis heute haben die beiden keine Lösung gefunden. Sie betreiben zwar weiterhin gemeinsam die Agentur, hassen sich aber und können nicht loslassen. Die Frau flüchtet sich mehr und mehr in diverse Krankheiten, weil sie dem Druck nicht standhalten kann.«

Ein weiterer Fall: *Claus* (62) und *Martha* (60) sind seit dreißig Jahren verheiratet und führen ein gemeinsames Unternehmen. Nachdem Claus seine Frau wieder und wieder betrogen hat, wird eine räumliche Trennung beschlossen: Claus bezieht das obere Stockwerk im Haus, Martha das untere. Das Unternehmen wird weiterhin gemeinsam geführt. Sechs Jahre lang geht das so – bis sich Claus nach einer kurzen Affäre seiner Frau mit einem anderen Mann plötzlich darauf besinnt, dass er Martha wiederhaben will. Wörtlich bittet er Silvia: »Sorgen Sie dafür, dass meine Frau wieder in mein Bett kommt. Mehr will ich ja gar nicht.« Aus Marthas Sicht sieht das ganz anders aus: »Ich bleibe bei Claus – aber nur wegen des gemeinsamen Betriebes. Zurück in sein Bett? Nie und nimmer! Für kein Geld der Welt!«

## Fernbeziehung – Traum oder Alptraum?

Immer mehr Paare leben und lieben auf Distanz. Rund ein Drittel von ihnen hat sich im Urlaub kennen gelernt. Wieder zu Hause muss zunächst die Alltagstauglichkeit dieser frischen Liebe getestet werden. Und dazu verlassen die wenigsten sofort bereitwillig ihre Heimatstadt. Aber auch die berufliche Karriere zwingt viele Betroffene zunächst dazu, in der gewohnten Umgebung zu bleiben und sich mit einer Liebe aus dem Koffer zu begnügen.

Auch das immer beliebter gewordene Online-Dating begünstigt das Entstehen von Fernbeziehungen. Durchschnittlich vergehen zwei Jahre, bis sich das Paar zu einer Veränderung der bisherigen Situation entschließt. Entweder ziehen die Liebenden in die gleiche Stadt, oder die Partnerschaft wird beendet.

Eine Liebe auf Distanz bedeutet: zwei Haushalte, vier Zahnbürsten, hohe Benzin- und/oder Bahnkosten, ständige Sehnsucht, ewige Telefonate und das energische Bündeln von Lust, Liebe, Leidenschaft und Leben an den gemeinsamen Wochenenden. Sie bedeutet aber auch für mindestens einen der beiden Partner den schlimmsten nur vorstellbaren Liebeskummer, wenn sie zerbricht.

Warum?

Hier der Klassiker: Einer der beiden hält eisern an dieser Verbindung fest und lebt nur von Begegnung zu Begegnung, während sich der andere in aller Ruhe ein zweites Leben aufbaut und nur noch auf den richtigen Moment wartet, um das Wochenendverhältnis zu beenden.

Silvia: »Von meinen Klienten weiß ich, dass dieser Abschied heute in den meisten Fällen per SMS, manchmal per E-Mail und gelegentlich per Telefon vollzogen wird. Das ist bequem, erspart die direkte Konfrontation und macht das Lügen leichter. Und gelogen wird in dieser Situation praktisch immer. Das hört sich dann so an: ›Ruf' mich bitte nicht mehr an. Ich weiß auch nicht, was mit mir los ist. Ich brauch' einfach ein bisschen Zeit für mich.‹ Fast nie wird die Wahrheit gesagt. ›Du, tut mir Leid, aber ich habe mich in eine andere, einen anderen verliebt.‹ Diesen Mut bringen die Wenigsten auf.« (*Vorschläge, wie Sie mit sanften Worten Schluss machen können, finden Sie am Ende dieses Kapitels.)

Für den Verlassenen ist dieses Ende furchtbar. Er sitzt in der Warteschleife, weiß nicht, ob dieses »Ich brauche Zeit für mich« das endgültige Aus oder nur eine ungünstige Phase ist. Er ist völlig abgeschnitten, allein gelassen. Kann nicht um ein letztes Treffen und eine persönliche Aussprache bitten. Hat keinen gemeinsamen und leider meistens auch keinen eigenen Bekanntenkreis mehr, der weiterhelfen oder trösten kann.

Was ist jetzt zu tun beziehungsweise zu unterlassen?

Ersparen Sie sich verzweifelte Anrufe. Der Ex wird nur abblocken. Oder den Hörer gar nicht erst aufnehmen. Sie laufen ins Leere, sinken nur tiefer. Vor allem, wenn Sie in Ihrem Schmerz auf sein Band gesprochen, entweder gefleht oder massiv gedroht haben. Erreichen können Sie damit außer dem Verlust von einer Portion Würde gar nichts.

Fahren Sie auch nicht hin! Notfalls lassen Sie sich Ihre persönlichen Sachen, die sich noch in seiner Wohnung befinden, per Post schicken. Holen Sie sie nicht selbst ab. Jedenfalls nicht alleine. Das kostet nur unnötig Kraft. Und die Rückfahrt wird fürchterlich.

Dann kann allerdings passieren, dass Sie das erleben, was Silvia widerfahren ist: Nach dem Ende ihrer großen Liebe erhielt sie per Post drei Paar Schuhe und ihren Haustürschlüssel zugeschickt. Dem Paket lag ein Zettel bei. »Anbei der Schlüssel für deine Welt. Ich bin jetzt zurück in meine eigene Welt gegangen.«

Befolgen Sie bloß nicht jenen verrückten Rat, der Silvia von einem (Fach-)Mann gegeben wurde, als ihre Fernbeziehung gerade zerbrochen war. »Ziehen Sie sich Strapse an«, wurde ihr vorgeschlagen. »Fahren Sie zu Ihrem Ex, setzen Sie sich auf seinen Schreibtisch, und holen Sie sich Ihren Mann zurück!« Dazu Silvia: »Hierbei muss es sich um eine typisch männliche Fantasie gehandelt haben. Offenbar wünscht sich das starke Geschlecht insgeheim, so zurückerobert zu werden.«

Heilsamer für Ihre Seele ist es, wenn Sie sich in Ihrer Stadt einen neuen Freundeskreis aufbauen oder den alten, den Sie wegen der Fernbeziehung lange vernachlässigt haben, wieder aktivieren. Laden Sie Ihre Freunde zu sich nach Hause ein, und sagen Sie die Wahrheit. Sie vergeben sich nichts, wenn Sie um sofortige Nothilfe, aber auch um Verzeihung bitten, weil Sie in der Vergangenheit so wenig Zeit für Ihre Freunde gehabt haben.

Verbannen Sie alles, was Sie noch an den Ex-Partner erinnert, aus Ihrer Wohnung. Werfen Sie vielleicht sogar das einst gemeinsame Bett aus dem Schlafzimmer, und ersetzen Sie es durch ein neues. Hängen Sie neue Gardinen auf, oder legen Sie andere Teppiche hin. Verändern Sie, wo immer Sie können.

Nutzen Sie die Bahncard, die bestimmt noch ein paar Monate gültig ist, für Fahrten in die andere Richtung. Besuchen Sie damit Freunde und Verwandte, die Sie lange nicht gesehen haben. Oder holen Sie Ihr Auto auch weiterhin am Wochenende aus der Garage. Um irgendwohin zu fahren. Nur nicht zum Ex. Auf jeden Fall – werden Sie aktiv. Bleiben Sie nicht zu Hause neben dem Telefon sitzen! Es wird bestimmt nicht klingeln.

Dazu Silvia: »Fernbeziehungen, so hat meine Praxiserfahrung gezeigt, funktionieren nur, wenn das Zusammenziehen das gemeinsame Ziel ist und die räumliche Trennung als vorübergehend angesehen wird. Ist das nicht der Fall, wächst die Gefahr, dass sich einer der beiden Partner in alle Ruhe ein zweites Leben aufbaut, während der andere ausschließlich für die Begegnungen und die gemeinsamen Urlaube lebt.«

Unter bestimmten Bedingungen kann die Fernbeziehung aber auch wunderbar funktionieren. Dazu ein Fallbeispiel aus der Liebeskummer-Praxis: *Judith*, 34 Jahre alt und Prokuristin in München, ist mit *Konrad*, einem gleichaltrigen EDV-Spezialisten aus Hamburg liiert. Die beiden haben sich während einer Studienreise kennen und lieben gelernt und schaffen es seit mehr als drei Jahren, trotz der großen räumlichen Distanz eine intensive und intakte Beziehung zu leben. Dazu Silvia: »Judith und Konrad haben sich in beiden Städten einen gemeinsamen Bekanntenkreis aufgebaut. Sie haben also sowohl in Hamburg, als auch in München ein soziales Netz und fühlen sich beim anderen jeweils richtig zu Hause.«

Ganz anders der Fall der engagierten Psychologin *Jasmin* (41), die neun Jahre lang eine erfüllende Fernbeziehung zu dem drei Jahre jüngeren Unternehmer *Andreas* hatte. Jedenfalls schien alles in bester Ordnung. Die Liebenden sahen sich an den Wochenenden und verbrachten die Urlaube zusammen. Ansonsten hatte jeder in seiner eigenen Stadt seinen eigenen Kreis, seine eigene Karriere und sein eigenes Leben.

Jasmin in Silvias Praxis: »Ich habe ganz fest an unsere Liebe geglaubt. Es gab neun Jahre lang keine ernsthaften Differenzen. Deshalb wollten wir auch gleich heiraten, als ich eine lukrative Stelle ganz in der Nähe von Andreas' Betrieb angeboten bekam.

Wir fanden eine tolle Wohnung, gingen zum Altar und – erlebten einen Alptraum. Ich jedenfalls. Andreas entpuppte sich als schwerkranker Alkoholiker. Wenn er trank, und das tat er plötzlich regelmäßig, wurde er ausfallend und gewalttätig. An den Wochenenden betrank er sich bis zur Bewusstlosigkeit und musste mehrere Mal ins Krankenhaus gebracht werden. Ich bin sofort ausgezogen und habe die Scheidung eingereicht, die nach nur drei Monaten ausgesprochen wurde, weil ich auf alles verzichtet habe. Lieber habe ich einen riesigen finanziellen Verlust hingenommen, als mich länger der Gefahr auszusetzen, eines Tages von Andreas im Suff zusammengeschlagen zu werden. Eine neue Fernbeziehung? Für mich nie wieder! Meine Erkenntnis lautet: Auf Distanz können sich Menschen viel zu lange verstellen, so dass man gar nicht weiß, auf wen man sich wirklich eingelassen hat.«

Gerade bei Fernbeziehungen, so zeigen die Erfahrungen aus der Liebeskummer-Praxis, ist es »modern« geworden, die lästig gewordene Partnerschaft mit einer kurzen SMS, einem flüchtigen Fax oder einer elektronischen Mail zu beenden. Für den Verlassenden ist das einfach, bequem und – feige, denn er muss sich nicht mit dem Schmerz des Verlassenen auseinander setzen. Er muss nicht Rede und Antwort stehen, muss nichts begründen und kann sein Gewissen schonen. Verlierer ist dagegen derjenige, der die SMS, das Fax oder die Mail erhält, weil ihm das so wichtige Ventil der direkten Kommunikation genommen wird.

Wenn irgend möglich, so Silvia, sollte man seinem Partner persönlich sagen, dass man keine weitere Vertiefung der Beziehung, sondern eine Trennung wünscht.

Mit welchen Worten sich eine Paarbindung halbwegs gnädig und zivilisiert beenden lässt, hat das HAMBURGER ABENDBLATT[8] unter der Überschrift: »Zehn Sätze, um Schluss zu machen«, zusammengetragen. Hier sind sie:

- Ich bin halt kein Beziehungsmensch.
- Wollen wir nicht einfach Freunde sein?

- Ich kann mich überhaupt nicht konzentrieren.
- Es gibt so viele interessante Menschen, die ich kennen lernen möchte.
- Wir passen einfach nicht zueinander.
- Ich brauche mehr Zeit für mich.
- Ich glaube, du brauchst erst mal Zeit für dich.
- Ich muss mich in nächster Zeit vor allem um … (meine alte Mutter/meinen Malkurs/mein Marathontraining) kümmern.
- Ich habe gestern geträumt, dass wir auf zwei verschiedenen Inseln leben.
- Ich erstrebe einen Zustand, in dem jeder Mensch beziehungslos glücklich ist.

Hilft nicht wirklich, oder? Aber ist immer noch besser als verkappte oder direkte Schuldzuweisungen wie: »Deine Eifersucht macht mich fertig.« – »Ich fühle mich wahnsinnig eingeengt.« – »Wir haben uns auseinander gelebt.« – Oder gar: »Ich möchte mit einem neuen Partner/einer neuen Partnerin noch einmal ganz von vorne anfangen, weil ich mit dir schon lange nicht mehr glücklich war.«

Wie schön, aber auch wie schrecklich eine Liebe aus dem Koffer sein kann, schildert die 43-jährige Bürokauffrau *Kim* besonders eindrucksvoll. Sie hatte sich vorgenommen, ihr Glück bei Parship[9], nach eigenen Angaben die größte Online-Partneragentur im deutschsprachigen Raum, zu versuchen. Die Chancen, unter mehr als 1,5 Millionen Mitgliedern, davon 53 % Frauen und 47 % Männer, fündig zu werden, schienen groß.

Kim: *»Ich habe alles getan, was von mir verlangt wurde: Habe ehrliche Angaben zu mir und meinen Wünschen gemacht, haben drei Fotos eingescannt und meine Suche auf einen Mann im Alter zwischen 35 und 42 begrenzt. Das Angebot war überwältigend. Über 400 Vorschläge innerhalb weniger Minuten. Aus ganz Deutschland. Wow! Ich hatte richtig Herzklopfen.*

*Nach zwei Wochen war das Männerangebot auf neun Kandidaten geschrumpft. Alle wohnten im Umkreis von 200 Kilometern.*

*Zu allen nahm ich per E-Mail Kontakt auf. Danach blieben noch fünf Kandidaten übrig. Die Antworten der anderen hatten mich so ernüchtert, dass ich ihr Profil aus der Parship-Liste löschte.*

*Den ersten Anwärter auf mein Herz traf ich in einem Hotel, das zwischen unseren beiden Wohnorten lag. Dieser Typ, ich nenne ihn mal Jacob, wollte sofort mit mir ins Bett. Er war groß und schlank und hatte die Ausstrahlung eines Siegers. Ihm war anzusehen, dass er bei den meisten Frauen mit seiner Masche landen konnte. Bei mir nicht. Ich schickte ihn nach Hause.*

*Der zweite Anwärter war nicht 41, wie er angegeben hatte, sondern 56. Glatzköpfig, klein und übergewichtig erzählte er mir vom Tod seiner Frau. Er brauche jetzt was fürs Herz, ließ er mich wissen. Ob ich an seiner treuen Liebe interessiert sei. Ich war es nicht.*

*Der dritte Anwärter hat mich versetzt. Ohne Entschuldigung. Ich weiß bis heute nicht, was ihm dazwischengekommen ist.*

*Der vierte Kandidat haute mich fast um. Gepflegt, charmant, großzügig, witzig und voller Humor. War haben uns auf Anhieb verstanden. Schon nach drei Minuten hatte ich Herzklopfen und vor lauter Aufregung einen Schluckauf. ›Das ist er‹, ging es mir durch den Kopf. ›Endlich!‹*

*Nach drei Stunden, in denen wir uns über Gott und die Welt unterhalten hatten, fuhren wir zu mir. In zwei Autos. Wir hatten Supersex und eine herrliche Nacht. Beim Frühstück am nächsten Morgen teilte mir mein neuer Schwarm mit, er sei auf dem Papier noch verheiratet. Es sei aber nur eine Frage der Zeit, bis er das geregelt habe.*

*Ich glaubte ihm – bis sein Handy klingelte und er seiner Frau ganz genau erklären musste, wo er sich angeblich gerade befand. ›Bis heute Abend, mein Schatz‹, sagte er ganz leise zum Abschied. Aber ich hatte trotzdem jedes Wort gehört.*

*Als ich Tony traf, den letzten Mann auf meiner Parship-Liste, war ich schon ziemlich ernüchtert. Ich hatte mich nicht einmal geschminkt. Später hätte ich mich dafür ohrfeigen können. Tony war supernett. Von Kopf bis Fuß. Nette Augen, ein nettes Lä-*

*cheln, nette Klamotten. Es hat einfach alles gepasst. Wir haben uns unterhalten, als würden wir uns seit Jahren kennen. Irgendwie war zwischen uns von Anfang an alles klar.*

*Um es kurz zu machen: Tony und ich sind seit sieben Monaten ein Paar. Wir wohnen drei Autostunden auseinander. Jedes Wochenende sehen wir uns. Immer abwechselnd. Mal bei mir, mal bei ihm. Wir lieben uns. Und genau das ist das Schlimme, denn von Montag bis Freitag habe ich immer nur Sehnsucht. Wie lange ich das noch aushalten kann, weiß ich nicht, denn immer, wenn ich mich wieder von meinem Schatz trennen muss, habe ich Liebeskummer. Schlimmen sogar, den man mir inzwischen ansieht. Ich habe sieben Kilo abgenommen und kann nicht mehr schlafen – außer am Wochenende. In Tonys Armen.«*

## Liebe macht erfinderisch – Leid aber auch

Wenn wir verliebt sind, können wir Berge versetzen. Keine Aufgabe ist so schwierig, dass wir sie nicht lösen können. Unser Potenzial, über uns selbst hinauszuwachsen, ist am größten, wenn es um den geliebten Partner geht. Für ihn entwickeln wir Kreativität, Fantasie und notfalls auch Selbstdisziplin. (Oder haben Sie die drei, vier Kilos die Sie schon immer gestört haben, etwa nicht im Überschwang der ersten Verliebtheit mühelos abgespeckt, um Ihrem Schatz noch besser zu gefallen?)

Wir lassen uns tausend Dinge einfallen, wie wir dem geliebten Menschen eine Freude machen können. Er muss nur ganz nebenbei irgendeinen Wunsch äußern, und schon setzen wir Himmel und Hölle in Bewegung, um ihn zu erfüllen. Ganz egal, wie ausgefallen er sein mag.

So beobachtete ich einen meiner Lieblingsverleger, einen viel beschäftigten, erfolgreichen Mann, zufällig einmal dabei, wie er mit Engelsgeduld und noch mehr Fantasie liebevoll 24 winzige Päckchen packte, weil er seine Verlobte mit einem selbst gebastelten Adventskalender überraschen wollte.

Anfang des Jahres wurde eine kurze, aber bemerkenswerte Agentur-Meldung von vielen deutschen Tageszeitungen[10] gedruckt: Der liebeskranke Kanadier Marc Lachance, so war darin zu lesen, hatte sich auf Kuba in eine junge Belgierin verliebt und beim Abschied vor lauter Aufregung vergessen, sie nach ihrem Nachnamen und ihrer Adresse zu fragen. Nur dass sein Schwarm Sabine hieß, das wusste Marc noch. Das Ende vom Lied: Der Kanadier verschickte insgesamt 3700 Liebesgrüße – an alle Belgierinnen mit dem Namen Sabine, die er im Internet hatte finden können. Ob seine intensive Suche Erfolg hatte, war leider nicht vermerkt. Aber da der Meldung auch ein gemeinsames Urlaubsfoto von ihm und seiner verlorenen gegangenen Geliebten beigefügt war, kann davon ausgegangen werden, dass sich Marc und Sabine längst wieder in den Armen liegen.

Diese wenigen Beispiele zeigen: Das Gefühl, zu lieben und geliebt zu werden, setzt ungeahnte Kräfte frei, die – zumindest am Anfang – ganz in den Dienst der Partnerschaft gestellt werden. Schön und schade zugleich. Schön, weil die himmelstürmende Phase der Leidenschaft durch diese gemeinsamen Bemühungen noch ein bisschen himmelstürmender wird. Und schade, weil das größte Potenzial an kraftvoller Bereitschaft, die Partnerschaft glanzvoll und tragfähig zu machen, bereits verpufft ist, wenn erste Abnützungserscheinungen auftreten, die eigentlich intensive Beziehungsarbeit erfordern würden. Doch dann sind wir meistens schon ein wenig müder geworden. Alltäglicher und normaler. Und finden nicht immer den Dreh, uns wieder so zu motivieren wie am Anfang, als jedes noch so winzige Missverständnis zu einem Festival der Versöhnung führte.

Aber: Hat uns der Liebeskummer fest im Griff, werden diese Energien erneut freigesetzt. Wieder sind wir voller Kreativität, Fantasie und Veränderungsbereitschaft. Allerdings diesmal in eigener Sache. Und das ist gut so.

Wenn die erste Erstarrung und der erste Schock ein wenig nachlassen, ist der Moment gekommen, gesunden Egoismus zu entwickeln und jene Dinge anzugehen, die bisher nur ein vager

Traum waren und deshalb wieder und wieder verschoben wurden, weil sie sich mit der partnerschaftlichen Beziehung nicht vereinbaren ließen.

Mal ehrlich, wollten Sie nicht schon lange einen Salsa-Kurs machen? Oder Seidenmalerei betreiben? Oder wieder mehr auf Ihrer Gitarre zupfen? Oder Ihre Freundinnen aus der ersten Klasse zu einem Wiedersehen zusammentrommeln? Oder die Jazzgymnastik wieder aufnehmen, die Sie seinetwegen aufgegeben hatten? Tun Sie's! Das möbelt Sie auf, lenkt Sie ab und stärkt Ihr Selbstvertrauen.

## Soll man jeden Flirt oder Seitensprung beichten?

Befragungen und Untersuchungen, aber auch die Erfahrungen aus der Liebeskummer-Praxis belegen es: Der Seitensprung ist und bleibt einer der wesentlichsten und häufigsten Beziehungskiller. 71 Prozent der Männer und 46 Prozent der Frauen, so ergab eine repräsentative Umfrage für die Zeitschrift FREUNDIN[11], sind sich sicher, dass sie eine Untreue des Partners nie wirklich verzeihen können.

Ehe wir darüber nachdenken, ob jede Untreue gebeichtet werden sollte, hier eine ganz wichtige Unterscheidung:

Handelte es sich ausschließlich um ein flüchtiges sexuelles Abenteuer ohne geplante Fortsetzung oder um den Beginn einer neuen Liebe, bzw. Beziehung?

Ist Letzteres der Fall, führt das Verschweigen der Untreue auf Dauer unweigerlich zu unlösbaren Konflikten, bei denen mitunter sogar beide Beziehungen auf der Strecke bleiben. Die alte und die etwaige neue. Diese Situation, die wir an anderer Stelle schon ausführlich beleuchtet haben, steht hier nicht zur Debatte.

*Unsere Frage lautet: Sollte jeder flüchtige Seitensprung gebeichtet werden?*

Wir maßen uns nicht an, eine solche Entscheidung für unsere Leserinnen und Leser treffen zu können. In der Liebe gibt es keine Gesetze, die für alle gültig sind. Niemand kann voraussagen, wie ein liebender Mensch reagiert, wenn er von der Untreue seines Partners erfährt. Wir können und wollen auch nicht abwägen, ob eine knallharte Gewissheit besser ist als ein nagender und damit ewiger Verdacht. Nur Sie allein können erspüren, ob Sie eine offene Beichte einem »gnädigen« Verschweigen vorziehen würden. Deshalb möchten wir Ihnen hier lediglich ein Fallbeispiel liefern. Wie Sie das interpretieren und welche Rückschlüsse Sie daraus ziehen, ist allein Ihre Sache.

*Petra* und *Max* sind seit fünf Jahren sehr glücklich verheiratet. Sie haben bewusst auf Kinder verzichtet, weil ihre Beziehung so intensiv ist, dass darin kein Platz ist für andere. Außerdem haben sie viele gemeinsame Hobbys, die sie ganz ausfüllen. In ihrem Freundeskreis gelten sie als Traumpaar.

Bei einem Seminar in einer anderen Stadt geht Max – unter dem Einfluss von ziemlich viel Alkohol – mit einer Kollegin ins Bett. Sein schlechtes Gewissen macht ihn danach fast krank. Gleich in der nächsten Nacht, als er wieder neben seiner Frau liegt, beichtet er, was vorgefallen ist. Weil er für klare Verhältnisse sorgen und endlich wieder frei durchatmen möchte.

Petra ist total geschockt. Sie steht auf und fängt an, ihre Sachen zu packen. Am nächsten Morgen zieht sie aus der gemeinsamen Wohnung aus und sucht sich ein eigenes Appartement. Dort versucht sie, noch einmal von vorne anzufangen. Sie hat eine kurze Affäre mit einem anderen Mann, die ihr aber nichts bedeutet. Sie ist und bleibt unglücklich, verletzt und enttäuscht.

Auch Max ist am Boden zerstört und total verzweifelt. Zwei Jahre lang herrscht zwischen den beiden absolute Funkstille. Es gibt keine Aussprachen. Aber auch keine Gespräche über eine etwaige Scheidung.

Nach dieser langen Zeit kurbelt Petra den Kontakt langsam wieder an. Ganz behutsam lernt das Paar, wieder aufeinander zuzugehen und eine neue Vertrauensbasis zu schaffen. Nach langem Zögern beschließen die beiden, sich noch einmal eine gemeinsame Wohnung zu nehmen. Schritt für Schritt bauen sie ihre Liebe wieder auf.

Heute sagt Petra: »Die Zeit nach der Untreue war die Hölle. Für uns beide. Sie hat uns mehr als zwei Jahre unseres Lebens gekostet.«

# Die sieben Todsünden gegen die Liebe

Sicher kennen Sie sie noch aus dem Religionsunterricht: die sieben Todsünden, die nach alten kirchlichen Vorstellungen ewige Verdammnis nach sich ziehen und einer Abwehr von Gott gleichkommen. Es sind:

Völlerei
Wollust
Habsucht
Zorn
Neid
Trägheit
Hochmut

Kennen Sie die sieben Todsünden gegen die Liebe auch? Es sind:

Eifersucht
Klammern
Nachlässigkeit und Respektlosigkeit
Sucht nach seliger Verschmelzung mit Verlust der eigenen Persönlichkeit
Überhöhung der Erwartungen
Verlust der Kommunikation
Erstarrung in Routine

Schauen wir uns diese klassischen Beziehungskiller einmal etwas genauer an – damit aus erstem Liebeskummer nicht eines Tages die ganz große Katastrophe wird:

*Eifersucht*
Ein bisschen davon ist völlig normal. Es nervt, wenn der Partner ständig mit anderen flirtet und einen dabei links liegen lässt. Und es tut höllisch weh und leitet nicht selten das Ende der Liebe ein, wenn es sogar zu einem Seitensprung kommt.

Doch davon ist hier nicht die Rede. Wir sprechen von der krankhaften Eifer-Sucht, die keinen handfesten Grund braucht, um selbst die größte Liebe durch ständiges Misstrauen abzuwürgen. Und die wie jede andere echte Sucht behandelt werden muss.

Eifersucht ist Liebesneid und Verlustangst und basiert grundsätzlich auf mangelndem Selbstbewusstsein. Sie ist ein Warnsignal, weil sie dann entsteht, wenn das grundlegende Bedürfnis nach Geborgenheit, Sicherheit und Bestätigung in der Beziehung nicht befriedigt wird. Wer Zweifel an sich selbst, an seiner Attraktivität und seinem Wert als Partner hat, scheut unbewusst den Vergleich mit anderen und sieht in ihnen automatisch potenzielle Rivalen.

Viele Menschen, die in ihrer Kindheit nicht genug Liebe und Zuneigung erhalten haben, bringen dieses erlittene Defizit unbewusst mit in die Beziehung ein. Schnell entsteht ein Teufelskreis: Einerseits soll der Partner dieses Defizit nun durch seine ungeteilte Liebe und Zuwendung ausgleichen. Andererseits wird jeder seiner Schritte argwöhnisch verfolgt, weil das geringe Selbstwertgefühl ständig suggeriert, man werde garantiert demnächst durch einen schöneren, stärkeren oder besseren Liebespartner ersetzt.

Die Folgen dieser doppelten Botschaften: »Liebe mich, damit ich seelisch gesunde«, und gleichzeitig: »Du wirst mich ja sowieso betrügen und dann abschreiben, weil ich nicht gut genug bin«, sind fatal. Für beide Partner und die gemeinsame Zukunft.

Die krankhafte Eifersucht ist immer da. Tag und Nacht. In der Öffentlichkeit und zu Hause. Sie schnürt dem einen vor lauter Verlustangst die Kehle zu und nimmt dem anderen durch das ewige Misstrauen die Luft zum Atmen. Wird hier nicht eingegriffen, gehen erst das Vertrauen und dann die Liebe kaputt.

Schlimmer noch: Auch nach der Trennung besteht die Eifersucht weiter und macht den Liebeskummer unerträglich. Selbst wenn der Partner keine neue Beziehung eingegangen ist, wird sein Tun weiterhin argwöhnisch verfolgt – und das eigene Selbstbewusstsein dadurch immer mehr untergraben.

Wie lässt sich dieser verhängnisvolle Kreislauf durchbrechen?

Machen Sie sich klar, dass Sie fatalerweise ausschließlich den Partner für Ihr persönliches Glück verantwortlich machen und in ihm den alleinigen Mittelpunkt Ihres Lebens sehen.

Bemühen Sie sich um Kontakte und Aktivitäten, die außerhalb der Beziehung liegen. Treffen Sie sich wieder mit Ihren Freundinnen oder Freunden.

Bauen Sie eigene Hobbys und Interessen aus, die nicht an den Partner gebunden sind.

Wenn Sie merken, dass seine oder Ihre Eifersucht zu einer ernsthaften Gefahr für die Beziehung wird, müssen Sie untereinander klären, welche Freiheiten und Eigenständigkeiten Sie sich gegenseitig einräumen können – ohne darunter zu leiden.

Versuchen Sie, nichtige Anlässe nicht so sehr aufzubauschen. Es zeugt von einem gesunden Selbstbewusstsein, wenn Sie nicht gleich eine Szene machen, weil Ihr Partner einen anderen Menschen freundlich angelächelt oder in ein längeres Gespräch verwickelt hat. Ist doch toll, dass Ihr Schatz auch auf andere attraktiv wirkt.

*So erkennen Sie, ob Ihre Eifersucht krankhaft ist*

Seien Sie ehrlich mit sich selbst: Wittern Sie gleich einen Seitensprung, wenn Ihr Partner später als erwartet nach Hause kommt?

Sind Sie manchmal regelrecht eifersüchtig auf seine beruflichen Erfolge? Oder neidisch, weil er so viel Zeit – noch dazu mit anderen – auf dem Sportplatz oder bei einem anderen Hobby verbringt?

Haben Sie häufig das Gefühl, Sie selbst kommen bei alldem zu kurz und sind in Ihrer Beziehung immer das Opfer?

Kränkt Sie das so sehr, dass Sie Ihren Partner Ihre Enttäuschung immer wieder spüren lassen? Indem Sie mal betteln und mal drohen, dass Sie ihn verlassen, wenn er sich nicht demnächst mehr um Sie kümmert?

Haben Sie den Drang, Ihren Partner ständig zu kontrollieren?

Wollen Sie immer wissen, wo und vor allem mit wem er unterwegs ist?

Fällt es Ihnen schwer, mit Ihrem Partner offen über Ihre Eifersucht zu sprechen?

Wenn Sie mindestens zwei dieser Fragen bejahen mussten, leiden Sie unter krankhafter Eifer-Sucht. Sie brauchen professionelle Hilfe. Alleine kriegen Sie es nicht hin, Ihr Selbstbewusstsein so weit zu stärken, dass Sie Ihrem Partner gelassen und vertrauensvoll ganz normale Freiheiten einräumen können. Bedenken Sie auch, dass Sie erst dann wirklich interessant, begehrenswert und gleichberechtigt sind, wenn Sie zu einer eigenen, starken Persönlichkeit werden und nicht länger ein regelrechter Klotz am Bein Ihres Partners sind.

Hierzu ein Fallbeispiel aus der Liebeskummer-Praxis:

*Renate* und *Claus* sind seit mehr als dreißig Jahren verheiratet. Claus ist während dieser langen Zeit nie fremdgegangen. Er hat auch nie mit einer anderen Frau geflirtet. Trotzdem wird Renate von ständiger Eifersucht zerfressen. Sie kontrolliert nicht nur die Hosentaschen und die Post ihres Mannes, sondern inzwischen auch sein Handy. Das Geld, das Claus für Notfälle in seinem Schreibtisch versteckt hat, wird regelmäßig von ihr gezählt, um etwaige Abweichungen sofort zu entdecken. Geht ihr Mann zum Tennis, fährt sie heimlich mit dem Fahrrad hinterher, um nachzusehen, ob er sich nicht doch mit einer anderen Frau trifft.

Bei langen Gesprächen in der Liebeskummer-Praxis stellt sich heraus, dass Renate als Kind von ihrer Mutter verlassen wurde. Seit dieser traumatischen Erfahrung wird sie von Verlustängsten gequält und fühlt sich so minderwertig, dass sie sich nicht vorstellen kann, um ihrer selbst willen geliebt zu werden. Erst als das kindliche Drama aufgearbeitet ist, kann Renate endlich ihre Eifersucht loslassen und muss nicht länger an der Treue ihres Mannes zweifeln.

*Klammern*

Die seelische Befindlichkeit beim Klammern ist der bei Eifersucht ganz ähnlich. Auch hier leidet einer der Partner unter dem Gefühl, (ohne den anderen) nicht vollwertig zu sein. Gefährliches Klammern entsteht besonders leicht in der ersten, himmelhochjauchzenden Phase der Liebe, wenn die Verschmelzungstendenzen ihren Höhepunkt erreicht haben und zur Norm gemacht werden. Man glaubt, nicht ohne den anderen sein zu können, und empfindet jede auch noch so kurze Trennung als Zumutung und Belastung für die Beziehung.

Doch genau das Gegenteil ist der Fall: Je vollständiger das einstige Ich im gemeinsamen Wir untergeht, umso rascher wird die anfängliche Begeisterung in Ermüdung umschlagen. Keine noch so große Liebe hält dem ununterbrochenen Zusammensein mit dem anderen auf Dauer stand.

Gut, wenn beide nach dem ersten Höhenrausch behutsam beginnen, sich wieder eigenständige Bereiche aufzubauen und die individuellen Vorlieben und Belange zu respektieren. Schlimm, wenn das nur einer tut! Gerade sehr junge Partner werten übertriebenes Klammern gerne als Beweis ihrer himmelstürmenden Liebe. Wie Kletten hängen sie sich an den anderen und ersticken damit nicht nur jeden eigenen Impuls im Keim, sondern auch jeden Befreiungsversuch des Partners.

Das führt unweigerlich zu Frust! Auf beiden Seiten. Einer fühlt sich ständig abgewiesen, der andere durch Anhänglichkeit erdrückt.

Dazu Silvia: »Im Zeitalter des Handys hat das Klammern eine neue Dimension erreicht. Man ist immer erreichbar, immer kontrollierbar. Nicht einmal im Zug, im Restaurant, beim Sport oder beim Treffen mit Freunden ist eine Verschnaufpause von der Partnerschaft möglich. Das engt ein und kann wütend machen. Der ewige Kampf mit Funklöchern oder nicht aufgeladenen Batterien schürt Argwohn und Verdächtigungen.

Erst vor wenigen Tagen saß ich einer Freundin in einem Hamburger Restaurant gegenüber. Sie starrte die ganze Zeit auf ihr Handy. Kriegte keinen Bissen herunter und konnte sich nicht auf unser Gespräch konzentrieren. Der Grund: Ihr Mann, mit dem sie seit über zwanzig Jahren verheiratet ist, hatte seit einer knappen Stunde nicht angerufen. Das machte sie total nervös.«

*Nachlässigkeit*

Erinnern Sie sich noch an den »Aufwand«, den Sie ganz am Anfang getrieben haben, wenn Sie mit Ihrem Schatz verabredet waren? Gestylt von Kopf bis Fuß, geschminkt, frisiert, gepudert und geölt – für jede Eventualität gerüstet. Von der sexy Unterwäsche über das frisch bezogene Bett bis hin zu dem eisgekühlten Sekt war alles liebevoll für die Begegnung vorbereitet.

Und jetzt?

Klar, wenn Sie schon länger zusammenwohnen, können Sie nicht jeden Abend die große Show liefern. Verlangt auch keiner. Aber was bieten Sie wirklich?

Sind Sie schon im Schlafanzug auf der Couch, wenn der Partner später nach Hause kommt. Sind Sie abgeschminkt und ungekämmt? Läuft der Fernseher weiter, wenn er das Zimmer betritt? Bleiben Sie am Wochenende ganz gemütlich im Jogginganzug, wenn Sie nichts Besonderes vorhaben? Haben Sie sich schon lange keine Klamotten mehr gekauft, weil Sie im Moment ein paar Pfunde zu viel haben und die erst wieder abspecken wollen, ehe Sie Geld für sich ausgeben?

Die Liste ließe sich beliebig fortsetzen. Sie wissen, was wir meinen, oder?

*Respektlosigkeit*

Sie schleicht sich ein auf leisen Sohlen. Niemand kriegt das so richtig mit. Alles ist selbstverständlich geworden. Dass er jeden Tag in die Firma rennt und das Geld nach Hause bringt. Dass sie sich perfekt um die Kids und den Haushalt kümmert. Oder trotz der eigenen Berufstätigkeit für ein funktionierendes und gemütliches Zuhause sorgt.

Fragen Sie noch nach seinem Tag? Nach seinen Sorgen? Seinen Erfolgen? Will er wissen, was Sie geleistet haben? Und findet er anerkennende Worte dafür?

Kriegt er mit, dass Sie die Beziehung zu seinen Eltern wieder normalisiert und einen gemeinsamen Bekanntenkreis aufgebaut haben?

Verlieren Sie überhaupt noch ein Wort darüber, dass Sie jedes Jahr mindestens einmal Urlaub machen können, weil er Überstunden schiebt?

Auch hier ist die Liste beliebig lang und leicht von Ihnen zu vervollständigen, denn nur Sie selbst können beurteilen, wo die gegenseitige Achtung aufhört und die Respektlosigkeit anfängt.

*Sucht nach seliger Verschmelzung mit Verlust der eigenen Persönlichkeit*

Nach einer langen Paarbeziehung gewinnt das Wir immer mehr an Bedeutung. Vor allem, wenn eine gemeinsame Lebensplanung vorliegt. Alles, was wir tun, setzen wir in Bezug zu dem Partner. Und merken dabei vielleicht gar nicht, dass wir ihn mit immer mehr Erwartungen überfrachten.

Vielleicht machen wir es uns gar nicht bewusst, dass wir insgeheim den Partner für die Güte unserer Beziehung und damit letztendlich für die eigene Befindlichkeit verantwortlich machen. Geht es uns nicht gut oder sind wir mit den bestehenden Lebensumständen nicht hundertprozentig zufrieden, ist es natürlich sehr viel einfacher, dem anderen die Schuld daran zu geben, als das eigene Dazutun einmal unter die Lupe zu nehmen.

Spüren Sie, welcher Zündstoff sich hier zusammenbraut? Von der Unzufriedenheit über das Hier und Jetzt bis zum Unzufriedensein mit dem Partner und damit der Beziehung schlechthin ist nur ein winziger Schritt. Vor allem, wenn die selige und vollständige Verschmelzung mit dem Partner als Erfüllung und Beweis der Liebe angesehen wird.

Dazu ein Fallbeispiel: *Benedikt* (22) ist unsterblich in die gleichaltrige *Sabrina* verliebt. Er ist Gleitschirmflieger, aktiver Fußballer und begeisterter Snowboarder. Sabrina, selbst ziemlich unsportlich, findet seine draufgängerischen Aktivitäten toll. Doch kaum ist sie mit Benedikt zusammen, stellt dieser seinen Sport ein. Er ist jeden Tag und jede Nacht zu Hause. An den Wochenenden weicht er ihr nicht von der Seite. Auch dann nicht, wenn sie in der Küche steht oder gerade einmal ungestört mit ihren Freundinnen telefonieren möchte. Benedikt ist immer da. Macht alles, was sie macht. Ist immer dabei. Liest ihr jeden Wunsch von den Augen ab und hat selbst keine eigenen Bedürfnisse mehr. Sein Lieblingssatz: »Hauptsache, du bist glücklich!« Nach acht Monaten ist die große Liebe kaputt. Sabrina fühlt sich erstickt, an die Wand gedrückt. »Er hat mich Tag und Nacht nur angesehen. Mit diesem blöden, seligen Lächeln im Gesicht. Wenn ich nicht gegangen wäre, hätte ich ihm dieses Lächeln eines Tages aus dem Gesicht geschlagen. Ich konnte es einfach nicht mehr ertragen.«

*Überhöhung der Erwartungen*
Wir sagten es ja schon: Medien und Werbung gaukeln uns vor, es gäbe die himmelstürmende Liebe ohne Verfallsdatum. Uns wird suggeriert, wir müssten uns nur so und so verhalten oder dieses und jenes Produkt verwenden, und schon würde uns das mit immer währender partnerschaftlicher Glückseligkeit gedankt.

Die Realität sieht anders aus. Der Halbzeitwert vieler moderner Beziehungen ist von früher drei bis vier Jahre auf inzwischen drei bis vier Monate gesunken. Soziologen haben herausgefunden, dass die viel gerühmte Emanzipation der Liebe nicht gerade in die Hände spielt. Männer und Frauen sind nicht mehr aufeinander angewiesen. Mister Single kann längst selbst seine Hemden bügeln und sich mehr als ein Fertiggericht zubereiten. Miss Single verdient ihr eigenes Geld, hält viel von der oft beschworenen Selbstverwirklichung und hat meistens schon mehrere Jahre erbitterten Einzelkämpfertums hinter sich, wenn die Beziehung plötzlich zwecks Kinderwunsch und Familiengründung in den Vordergrund rückt.

Das Fatale dabei: Trotz der bereits gelebten Karriere und der großen Businesserfahrung wird hartnäckig an der Idee festgehalten, auf dem partnerschaftlichen Sektor gälten ganz andere Regeln als im wirklichen Leben. Regeln nämlich, die von Romantik und Illusionen getragen werden und mit harter Beziehungsarbeit nichts zu tun haben.

Ein Fallbeispiel, bei dem beide Partner zu Worte kommen, zeigt anschaulich, wie weit die jeweiligen Erwartungen schon nach kurzer Zeit auseinander driften können.

*Clarissa* (34), erfolgreiche Designerin und seit sieben Monaten mit *Sascha* liiert: »Die ersten sechs Wochen unserer Liebe waren klasse. Wir schwebten im siebten Himmel, haben uns eine gemeinsame Wohnung genommen und angefangen, an einem Baby zu basteln. Wir wollten beide eine Familie. Zum Glück hat es schnell geklappt: Nach drei Monaten war ich schwanger. Aber da war die Beziehung genau genommen schon kaputt. Es gab keine Romantik mehr, kein Herzklopfen. Nur noch Alltag und Langeweile. Im Moment bin ich noch bei Sascha. Aber wahrscheinlich nicht mehr lange. Wozu brauche ich den? Mein Kind kriege ich auch alleine groß.«

*Sascha* (37), Ingenieur: »Ich hab' mir unsere Beziehung wirklich anders vorgestellt. Clarissa arbeitet ja noch. Jedenfalls beruflich. Im Haushalt macht sie gar nichts. Im Bett läuft so gut wie nichts mehr, seit sie schwanger ist. Ich komme mir ausgenutzt vor. Sie brauchte mich nur als Samenspender. Und später als Geldgeber, denn sie will für ein ganzes Jahr in Mutterschaft. Der Zauber unserer Beziehung ist flöten. Das weiß sie auch. Trotzdem wartet sie insgeheim immer noch darauf, dass ich jeden Tag mit Rosen in der Hand vor ihr niederknie.«

*Verlust der Kommunikation*

Die bereits aufgezeigten Todsünden gegen die Liebe lassen sich nur durch ständige Kommunikation in Schach halten. Doch genau daran kranken so viele Beziehungen. Man glaubt, alles über den anderer zu wissen, sich alles bereits gesagt zu haben – und verstummt. Oder erschöpft sich im Besprechen täglicher Routine. Wer holt die frischen Brötchen, wer fährt zur Reinigung. Muss ja alles geklärt werden.

Bei den Mahlzeiten kommen auch keine tief greifenden Gespräche mehr auf – weil der Fernseher läuft. Die wirklichen Belange der Paarbeziehung bleiben also unausgesprochen. Ein prächtiger Nährboden für Missverständnisse und gegenseitige Verletzungen.

Dazu die 36-jährige *Fiona*: »Nicco und ich sind seit drei Jahren ein Paar. Als wir uns kennen lernten, hatten wir die tollsten Vorsätze: Weil wir beide Scheidungswaisen sind, stand für uns fest, dass wir immer an unserer Beziehung arbeiten würden. Wir wollten alle Missverständnisse sofort ausräumen. Wollten immer gleich über alles sprechen. Und was tun wir heute? Wir schweigen uns an. Ich sitze mit dem Baby den ganzen Tag zu Hause und warte nur auf Niccos Rückkehr. Er dagegen knallt sich abends mit einem Bier vor die Glotze und will nichts mehr hören. Wäre ich finanziell unabhängiger, hätte ich längst die Fliege gemacht. So halte ich aus, bis der Kleine in den Kindergarten kommt. Dann bin ich weg.«

*Erstarrung in Routine*

Routine in einer Beziehung ist nicht nur Gift für die Erotik, sondern für die Liebe schlechthin. Kaum hat man sich aneinander und das tägliche Zusammensein gewöhnt, schleicht sie sich bereits ein. Es beginnt mit Kleinigkeiten, die Sie alle kennen.

Geliebt wird nur noch am Wochenende. Vielleicht sonnabends nach dem Baden?

Das Fernsehprogramm bestimmt den Tagesablauf.

Freitags macht man was mit gemeinsamen Freunden. Meistens Kino. Danach Pizza. Gejoggt wird am Sonntag. Hat sich so eingebürgert. Und so weiter.

Hier das Fallbeispiel eines Paares, das von anderen immer bewundert und beneidet wurde, weil alles in bester Ordnung schien.

Als Erster erschien der 30-jährige *Ole* in der Liebeskummer-Praxis. Er war seit vier Wochen alleine und hatte in dieser Zeit neun Kilo abgenommen. Er war völlig aufgelöst und unglücklich. Fünf Jahre war er mit der zwei Jahre älteren *Merle* zusammen gewesen. Alles war zunächst bestens, die Beziehung ein Hit. Die beiden galten als ideales Paar und waren für ihre Freunde ein leuchtendes Vorbild.

Ole war sehr ehrgeizig. Er wollte sich mit einem eigenen Geschäft selbstständig machen und arbeitete Tag und Nacht. Auch an den Wochenenden war er beschäftigt.

»In letzter Zeit wurde Merle immer unruhiger«, erzählte Ole in der Praxis. »Sie schlief nicht mehr richtig. Alles war anders. Das machte mich hellhörig. Ich hatte so eine Eingebung und bin ihr nachgegangen.«

Was er dabei herausbekam, schien harmlos: Merle traf sich auf dem Golfplatz mit einem anderen, etwas älteren Mann, den sie per Kuss begrüßte. Sie betonte, es sei nur Freundschaft. Trotzdem machte Ole ihr mitten auf dem Platz eine riesige Szene. Zu Hause ging die Diskussion weiter. Dabei kam heraus, dass sich Merle seit mehr als einem Jahr völlig vernachlässigt fühlte. »Ich führe an deiner Seite das Dasein eines Singles«, warf sie ihm vor, »weil du nur noch arbeitest. Du nimmst mich nur noch wie ein bequemes Möbelstück wahr. Jeder Tag mit dir sieht gleich aus.«

Gemeinsam wurde nach dieser Auseinandersetzung beschlossen, dass Merle erst einmal ausziehen würde, um Ruhe und Abstand zu gewinnen. Schnell fand sie ganz in der Nähe eine kleine Wohnung.

Ole fiel nach der Trennung zunächst in ein tiefes Loch, stellte das Essen ein, rauchte und trank nur noch, wurde immer dünner und suchte bei Silvia Hilfe. Silvia: »Ich riet ihm, seiner Freundin erst einmal Luft zu gönnen und sie für eine Weile in Ruhe zu lassen.«

Drei Wochen danach begegnete Silvia Ole zufällig auf der Straße. Plötzlich schien er ganz zufrieden und erzählte, er würde jeden Abend auf irgendeine Party gehen und das Leben genießen. Andere Frauen interessierten ihn allerdings nicht. Über Merle sagte er: »Die spinnt total. Immer öfter geht sie mit diesem neuen Typen vom Golfplatz aus. Dann trifft sie sich wieder mit mir. Sie weiß nicht, was sie will.«

Was er nicht erwähnte: Seit der Trennung spionierte er seiner Freundin ständig hinterher, lauerte ihr auf, kontrollierte, welche

Autos vor ihrer Tür standen, und rief sie mitten in der Nacht an, um ihr Vorwürfe zu machen.

Zwei Monate nach dem ersten Besuch von Ole in der Liebeskummer-Praxis tauchte Merle plötzlich bei Silvia auf. Aus ihrer Sicht stellten sich die Dinge ganz anders dar: »Die ersten drei Jahre mit Ole waren einfach toll«, erzählte die attraktive, gepflegte Frau. »Das vierte Jahr war mittelprächtig, das fünfte furchtbar. Ole hat nur noch gearbeitet und mich nicht mehr wahrgenommen. Alles war in Routine erstarrt.«

Im privaten Umfeld der beiden gab es zu diesem Zeitpunkt immer mehr Hochzeiten. Die ersten Babys kamen auf die Welt, während es in ihrer Beziehung nur noch um die Karriere ging. Nicht einmal ein gemeinsamer Urlaub schien möglich. An den Wochenenden schlug Ole grundsätzlich vor: »Mach doch was mit deinen Freundinnen!«

War er wirklich mal zu Hause, war er kaputt und müde.

Nach der Trennung, so Merle, kam sie ihrem Golffreund *Alexander*, der seit kurzem ebenfalls alleine war, näher. Auch über eine gemeinsame Zukunft wurde inzwischen gesprochen. Der perfekte Konflikt war geboren. Merle wusste nicht mehr, wie sie sich entscheiden sollte. Die Liebe zu Ole war nach fünf Jahren nicht einfach gestorben. Weiterhin sprach sie liebe- und respektvoll über ihren ehemaligen Freund. Andererseits hatte sie Angst, eine wichtige Erfahrung mit Alexander zu verpassen, bei dem sie zumindest im Moment noch das Gefühl hatte, für ihn etwas ganz Besonderes und nicht Routine zu sein.

Das Ende vom Lied? Silvia: »Hier gibt es zurzeit kein Vorwärts und kein Zurück. Merle steht zwischen zwei Männern und ist alles andere als glücklich.«

Ein weiterer Fall: *Ursula* (35) und *Rüdiger* (39), beide Steuerberater und Eltern von drei Kindern im Alter von zwei, vier und acht Jahren, führten eine Ehe, die im Alltag zu ersticken drohte und nur noch aus Routine bestand. Nichts von dem, was Ursula tat, war für Rüdiger gut genug. An allem hatte er etwas auszusetzen. An ihren Kochkünsten, ihrem Aussehen und ihrem

Verhalten im Bett. Bis Ursula an Gebärmutterhalskrebs erkrankte.

Silvia: »Rüdiger brach schon bei der Diagnose zusammen. Er erkannte, dass er seiner Frau das Leben unendlich schwer gemacht und damit den Ausbruch der Krankheit vielleicht sogar begünstigt hatte. Seine Schuldgefühle erdrückten ihn fast. In all den Jahren hatte er seine Frau nicht mehr spüren lassen, wie wichtig sie für ihn war. Erst nach dem Tod von Ursula wurde ihm das Ausmaß seines Verlustes voll bewusst. Jetzt versucht er, mit meiner Hilfe Trauerarbeit zu leisten, sein Gewissen zu erleichtern und einen neuen Anfang zu finden.«

# Teil 3: Vom Kummer zum neuen Glück

# Fragebogen zum Liebeskummer

Den nachfolgenden Fragebogen haben wir per E-Mail an über 250 Männer und Frauen aller Altersgruppen verschickt und sie darum gebeten, ihn anonym für uns auszufüllen. Insgesamt 106 Frauen und 93 Männer machten sich die Mühe, die Fragen zu beantworten und an uns zurückzumailen. An dieser Stelle möchten wir uns dafür noch einmal ganz herzlich bedanken.

Am Ende des Fragebogens finden Sie nicht nur eine Auswahl der interessantesten und aufschlussreichsten Antworten, sondern auch eine kurze Auswertung, wie unterschiedlich die Frauen und Männer auf ihren Liebeskummer reagiert haben.

**Hier der Fragebogen:**

**Alter**

Unter 20 ☐
Zwischen 20 und 30 ☐
Zwischen 30 und 40 ☐
Älter als 40 ☐
Älter als 50 ☐

**Geschlecht**

Weiblich ☐
Männlich ☐

**Lebenssituation**

Single ☐
Verheiratet ☐
Geschieden ☐
Liiert, aber getrennt lebend ☐
Liiert und zusammenlebend ☐

**Wie viele »ernsthafte« Beziehungen hatten Sie?**

Nur eine ☐
Mehr als drei ☐
Mehr als fünf ☐
Mehr als zehn ☐

**Hatten Sie schon einmal oder mehrfach Liebeskummer? Und vor allem: warum?**

Bitte kurz auflisten:

---

**Wie hat sich der Liebeskummer bei Ihnen geäußert?**

*a) Eher in körperlichen Symptomen* ☐
Beschreiben Sie die heftigsten:

---

*b) Eher in seelischen Symptomen* ☐
Beschreiben Sie die heftigsten:

---

**Was hat Ihnen wirklich gegen Liebeskummer geholfen?**

Bitte kurz auflisten:

---

**Konnten Sie arbeiten, als Sie schlimmen Liebeskummer hatten?**

Ja, das hat mir sogar sehr geholfen ☐
Nein, zwei, drei Tage lang überhaupt nicht ☐
Mehr als eine Woche lang überhaupt nicht ☐
Ich habe mein volles Leistungspotenzial
noch nicht wieder erreicht ☐

**Wie lange hat es gedauert, bis Sie wieder Sex hatten?**

Zwei bis vier Wochen ☐
Mehr als drei Monate ☐
Mehr als ein Jahr ☐
Mehr als drei Jahre ☐

**Wie lange hat es gedauert, bis Sie den schlimmsten Kummer überwunden hatten?**

Vier Wochen ☐
Mehrere Monate ☐
Mehr als ein Jahr ☐
Mehr als fünf Jahre ☐
Ich habe den Kummer immer noch nicht überwunden ☐

**Wie lange hat es gedauert, bis Sie wieder eine neue Beziehung eingehen konnten?**

Weniger als drei Monate ☐
Weniger als ein Jahr ☐
Über drei Jahre ☐
Über fünf Jahre ☐
Ich bin immer noch alleine ☐

**Ist Ihre neue Beziehung glücklicher als die alte?**

Ja ☐
Nein ☐

**Warum?**

Bitte kurz begründen:

---

**Haben Sie aus Ihrem Liebeskummer etwas gelernt?**

Nein ☐
Ja, und zwar: ☐
Bitte kurz auflisten:

---

## Auswertung:

Die Überraschung zuerst: Männer sind, um es einmal flapsig zu sagen, besser beziehungsweise sensibler als ihr Ruf. Jedenfalls, wenn sie Liebeskummer haben. Sie leiden nicht nur länger, als aus vielen gängigen Studien hervorgeht, sondern lassen sich auch mehr Zeit als bisher angenommen, ehe sie eine neue Liebe eingehen.

Das heißt aber nicht, dass ihr Sexualleben automatisch auf Null heruntergefahren wird, wenn ihre Partnerin sie verlassen hat. Ganz im Gegenteil: Unsere Fragebögen, in denen es sich ja schließlich um authentische Antworten handelt, belegen, dass Männer durchschnittlich drei Wochen brauchen, bis sie wieder eine Frau im Bett haben. Mit Liebe hat das wenig zu tun, mit Selbstbestätigung dagegen eine ganze Menge. Und: Je jünger der Mann, umso kürzer die Phase, in der er intensiv trauert. Unter den 20- bis 30-Jährigen war kaum jemand, der länger als ein Jahr gebraucht hatte, um wieder in festen Händen zu sein.

Frauen schließen häufig zusammen mit der Liebe für eine lange Zeit auch mit dem Kapitel Sex ab. Die wenigsten können sich durch körperliche Leidenschaft über den Verlust des Partners hinwegtrösten. Im Gegenteil. Bei vielen werden durch schnell wieder ausgelebte Sinnlichkeit alte Wunden erneut aufgerissen. Die Zeit des Trauerns wird dadurch eher verlängert als verkürzt. Auch bei ihnen gilt: Je höher das Alter, desto länger der Kummer.

*Hier nun eine besonders schöne Erkenntnis: Sämtliche Männer und Frauen, die nach ihrem Kummer eine neue Beziehung eingegangen sind, gaben an, dass diese glücklicher ist als die erste. Fast alle glauben, diesmal einen Dauerbrenner gelandet zu haben.*

Routine und berufliche Pflichten, so geht aus den Antworten unseres Fragebogens hervor, helfen vielen Männern und Frauen dabei, den Kummer wenigstens stundenweise in die zweite Reihe zu verdammen. Im ersten Trennungsschock sind für Männer körperliche Aktivitäten, Sport und Reisen, für Frauen Gespräche mit Freundinnen und Verwandten sowie Therapien besonders wichtig.

Einig sind sich Männer und Frauen in der Beobachtung, dass Liebeskummer auf den Magen schlägt. Beide Geschlechter gaben an, dass sie im ersten Schmerz nicht essen konnten und stark an Gewicht verloren haben. Die meisten konnten außerdem nicht schlafen. Fast alle litten unter Depressionen, Selbstzweifeln und massiven Verlustängsten.

Aber lesen Sie selbst, wie die Befragten auf schlimmstes Herzbrennen reagiert und was sie dagegen unternommen haben.

Der Übersichtlichkeit halber haben wir die Antworten, bei denen wir uns aus Platzgründen auf die signifikantesten beschränken mussten, nach Geschlechtern getrennt. Hier sind sie:

*Frage: Wie hat sich der Liebeskummer bei Ihnen geäußert?*

*a) Körperliche Symptome:*

| **Frauen:** | **Männer:** |
|---|---|
| Appetitlosigkeit | Appetitlosigkeit |
| Schlaflosigkeit | Nächtliches Schwitzen |
| Heulattacken | Atembeschwerden |
| Kopfschmerzen/Migräne | Rückenschmerzen |
| Bauchschmerzen | Herzrasen |
| Durchfall | Leistungsabfall, Schwäche |

*b) Seelische Symptome*

| **Frauen:** | **Männer:** |
|---|---|
| Verzweiflung | Wutanfälle/Zerstörungswut |
| Depressionen | Depressionen |
| Angst/zunehmende Verunsicherung | Aggressionen gegen mich selbst |
| Selbstmordgedanken | Selbstmordgedanken |
| Panik | Panik |
| Lethargie | Rastlosigkeit |

*Frage: Was hat Ihnen wirklich gegen Liebeskummer geholfen?*

| **Frauen:** | **Männer:** |
|---|---|
| Gespräche mit Freunden | Sex mit einer Neuen |
| Meine Familie | Konzentrieren auf Hobbys und Vereine |
| Therapie/Coaching | Sport/Joggen |
| Veränderungen in meinem Umfeld | Kneipenbesuche |
| Neue Hobbys + Reisen | Neue Herausforderungen |
| Spaziergänge | Ausflüge/Reisen |

*Frage: Ist Ihre neue Beziehung glücklicher als die alte? Warum?*
Und: *Was haben Sie aus Ihrem Liebeskummer gelernt?*

**Frauen:**
*Anita*: »Wir haben länger daran gearbeitet und sind uns bewusster, wie zerbrechlich Glück sein kann. Deshalb funktioniert unsere Liebe jetzt besser.«

*Clara*: »Ich habe gelernt, mich selbst, meine Wünsche und Bedürfnisse ernster zu nehmen und sie auch auszusprechen.«

*Margot*: »Ich versuche, die alten Fehler nicht zu wiederholen und meine Eifersucht zu kontrollieren. Das macht unsere Beziehung viel entspannter.«

*Tina*: »Ich achte darauf, dass ich nicht ständig mehr gebe, als ich zurückkriege. Ich möchte nicht mehr das Opfer sein, das immer nur investiert.«

*Rebecca*: »Früher tat das Leben und das Lieben weh. Jetzt bin ich älter, reifer und geduldiger. Ich habe psychologische Hilfe bekommen. Das hat mir geholfen, einen wunderbaren Partner zu finden. Unsere Beziehung hat eine Basis von großem gegenseitigem Respekt und großer Zärtlichkeit.«

*Sybille*: »Heute weiß ich genau, was ich will, und sage es sofort, wenn mir etwas missfällt.«

*Hannah*: »Der Kummer hat mich reifer, bewusster und stärker gemacht. Das weiß mein Partner zu schätzen.«

*Ilona*: »Liebeskummer ist nur Selbsttäuschung und die Verleugnung der Realität. Wer sich nicht an den Gedanken gewöhnen kann, dass etwas vorbei ist, respektiert nicht, dass man Liebe nun mal nicht erzwingen kann. Seit ich das weiß, kann ich auch ohne Partner zufrieden leben.«

*Giselle*: »Ich bin glücklich, weil ich mich nicht mehr verstelle. Weil ich am Anfang einer Beziehung auf Distanz geht und nicht mehr gleich mein ganzes Herz verschenke. Aber auch, weil ich im schlimmsten Kummer alle Wut rausgelassen habe. Ich habe seine Hemden zerschnitten und ihm die Fetzen per Post geschickt. Das hat mich befreit.«

*Sarah*: »Ich bin gelassener und sicherer geworden und mir selbst wichtiger als mein Partner. Je mehr ich loslassen kann, desto ruhiger und überlegener und damit auch glücklicher werde ich.«

*Patrizia*: »Erst habe ich gelernt, dass ich auch alleine glücklich sein kann. Als mir dann der berühmte Richtige begegnete, merkte ich, dass ich mich nicht mehr verbiegen musste, damit es passt. An seiner Seite kann ich sein, wie ich bin – mit allen Ecken und Kanten. Heute traue ich meinen eigenen Gefühlen und spüre, dass mein Partner und ich ohne Zwang in die gleiche Richtung gehen.«

*Katinka*: »Liebe ist Knochenarbeit. Es lohnt sich nur zu kämpfen, wenn der andere es auch tut. Ich muss mich in der Beziehung emanzipieren, meinen Weg gehen und meinem Partner klar meine Bedürfnisse zeigen. Dann ist ein Gleichgewicht hergestellt, das die Liebe trägt.«

*Fredericke*: »Auch der schlimmste Kummer geht vorbei. Man muss lernen, egoistisch zu sein. Außerdem muss man begreifen, dass der Mann sich nicht ändern wird. Wenn man mit seinen Fehlern nicht leben kann, muss eben ein anderer her. Wichtig ist nur: Enjoy your life!«

**Männer:**
*Ricardo*: »Ich gerate nicht mehr gleich in Panik, wenn es mal kriselt. Erstens lernt man, über alles zu reden, und zweitens haben auch andere Mütter schöne Töchter.«

*John*: »Nach jeder Trennung habe ich mich erst einmal von innen heraus gereinigt. Mit einer gründlichen Entschlackung mit Gemüsekost, Tee, keinen Alkohol. Erst wenn ich wieder bei mir selbst angekommen war, konnte ich wieder auf andere zugehen. Jetzt bin ich in meiner Beziehung wachsamer und schenke auch kleinen Veränderungen Beachtung.«

*Simon*: »Ich versuche, bei mir selbst zu bleiben und in der eigenen Seele Zufriedenheit zu kreieren und zu erhalten. Dann geht man gelassener an neue Beziehungen heran.«

*Benjamin*: »Ich stelle mich der Realität. Wir sind verheiratet und haben ein Kind. Wir leben den Alltag zusammen. Meine Frau wartet nicht mehr auf den Jungen mit dem weißen Pferd und ich nicht mehr auf Madonna.«

*Kevin*: »Früher habe ich meine Unzufriedenheit immer auf die Partnerin abgewälzt. Jetzt differenziere ich genauer und behutsamer. Das macht uns beide zufriedener.«

*Holger*: »Ich habe gelernt, mehr aufzupassen. Heute versuche ich, gleich zu reagieren, wenn ich merke, dass etwas aus dem Ruder zu laufen beginnt. So wird aus einer Kleinigkeit nicht gleich die große Katastrophe.«

*Lukas*: »Ich habe aufgehört, jeden Konflikt durch Sex zu lösen. Das ist keine Antwort. Jedenfalls nicht auf Dauer. Jetzt lautet mein Motto: Erst alles ausdiskutieren und danach zusammen ins Bett. Ist auch viel schöner.«

*Harry*: »Ich bin in meiner Beziehung zufrieden, weil die Idee davon, wie ein glückliches Leben aussehen kann, bei mir und der neuen Partnerin große Schnittmengen aufweist. Außerdem habe ich viel über mich selbst und meine Schwächen gelernt.«

*Ramon*: »Ich liebe meine neue Partnerin, aber sie ist trotzdem nicht mehr der Mittelpunkt in meinem Leben. Ich habe mich von meiner Ausschließlichkeit verabschiedet und pflege auch wieder andere Freundschaften und andere Hobbys. Das entlastet die Liebe sehr.«

*Stephan*: »Meine neue Freundin sieht super aus. Früher hätte mich das wahnsinnig gemacht. Weil ich immer Angst hatte, andere Typen würden sie mir wegnehmen. Jetzt bin ich stolz auf ihr Aussehen, weil ich Vertrauen habe. Ein cooles Gefühl. Endlich kann ich schlafen, obwohl ich total verliebt bin. War früher unmöglich.«

*Alex*: »Viermal hat mich der Liebeskummer fast umgehauen. Dann hab' ich eine Therapie gemacht. Jetzt glaube ich an mich selbst und trete viel sicherer auf. Das kommt bei den Mädels total gut an.«

*Tommy*: »Meine Frau und ich kommen gut miteinander aus. Ich laufe nicht mehr gleich weg, wenn es mal Meinungsverschiedenheiten gibt, weil ich fest an unsere Liebe glaube. Die hat schon viele Stürme überdauert. Ein bisschen Stress kann ihr heute nichts mehr anhaben.«

# SPECIAL: LOVE-CHECK
# »Liebst du noch – oder leidest du schon?«

Keine Bange! Unser Love-Check ist kein Test, wie Sie ihn in vielen Frauenzeitschriften finden. Sie müssen die nachfolgenden Fragen und Beobachtungen nicht mit Ja oder Nein beantworten und anschließend Ihre Punkte zusammenzählen, um endlich zu wissen, wie es um Ihre Beziehung bestellt ist. Wir sagen Ihnen nicht, wie Sie zu fühlen oder gar sich zu verhalten haben. Das wollen und dürfen wir gar nicht, denn in der Liebe gibt es – wie schon mehrfach betont– keine allgemein gültigen Regeln dafür, was gut und was schlecht, was erlaubt und was verboten ist. Jeder muss für sich alleine herausfinden, wo er emotional steht und ob die Partnerschaft ihn hinreichend trägt oder nicht.

Wir wollen Sie auf den nachfolgenden Seiten lediglich sensibilisieren und ermutigen, sich Ihre Liebe einmal wieder anzuschauen. Sie können, wenn Sie möchten, Bilanz ziehen und sich bewusst machen, wie es Ihnen, Ihrem Herzen und Ihrer Seele im Moment geht. Welche Konsequenzen sich daraus ergeben und/oder welche Veränderungen Sie anpeilen – das ist alleine Ihre Sache. Oder höchstens auch noch die Ihres Partners.

Nehmen Sie sich für die nächsten Seiten eine halbe Stunde Zeit und sorgen Sie dafür, dass Sie möglichst nicht gestört werden. Legen Sie die Füße hoch, und schließen Sie die Augen. Atmen Sie einmal tief durch, und gehen Sie nun mit Ihren Gedanken zurück zum Anfang Ihrer Beziehung. Versuchen Sie, sich möglichst viele Einzelheiten wieder ins Gedächtnis zu holen: Wo haben Sie und Ihr Partner sich zum ersten Mal gesehen? Was haben Sie damals gedacht und gefühlt? Welche Worte wurden gewechselt? Wie und wo endete dieser erste Tag? Haben Sie schon damals geglaubt: »Das ist der Richtige!«?

Erinnern Sie sich nun an den ersten Austausch von Zärtlichkeiten, an den ersten Sex. An die Begleitumstände. An die geflüsterten, zärtlichen Worte. An die Wonnen des Höhepunktes oder den Frust wegen der nicht erreichten Erfüllung.

Wissen Sie noch, wie Sie sich Ihre Partnerschaft in den ersten Wochen nach dem Kennenlernen vorgestellt haben? Was Sie geplant und erwartet haben? Sicher sind Ihnen auch noch die Versprechungen gegenwärtig, die Sie sich gegenseitig gegeben haben. Holen Sie die Hoffnungen von damals noch einmal hervor, und schauen Sie sich Ihre Träume erneut gründlich an.

Kommen Sie nun mit Ihren Gedanken wieder zurück in die Gegenwart. Zum letzten Wochenende beispielsweise. Beginnen Sie mit dem gemeinsamen Aufwachen am Sonnabendmorgen. Versuchen Sie, sich an jede Einzelheit zu erinnern! An jedes Wort. An jede Geste. Vor allem aber an Ihre Gefühle. Tasten Sie sich mit Ihren Emotionen Schritt für Schritt bis zum Sonntagabend vor. Bis zum gemeinsamen Einschlafen. Jede Kleinigkeit ist in diesem Zusammenhang von Bedeutung, wenn sie sich auf Ihr seelisches Befinden ausgewirkt hat.

Vergleichen Sie nun die Gefühle, die Sie am Beginn der Beziehung hatten, mit denen der Gegenwart. Was empfinden Sie dabei? Dankbarkeit? Zärtlichkeit? Ein bisschen Wehmut? Oder ist es eher Ernüchterung? Oder Enttäuschung? Oder gar Verbitterung? Weil vieles ganz anders gekommen ist, als Sie es sich damals vorgestellt haben?

*Das darf sein und ist noch lange kein Grund zur Panik.* Gefühle verändern sich. Beziehungen auch. Wenn Romantik im Laufe der Zeit durch ein gehöriges Maß an Realität ersetzt wird, ist das noch lange kein Zeichen dafür, dass Sie mit Ihrer Partnerschaft gescheitert sind und die Liebe am Ende ist. Ihre Bindung hat lediglich eine andere Phase erreicht. Ein ziemlich alltägliches Hier und Jetzt, bei dem aber jeder von Ihnen in etwa weiß, wo er steht und was er von der Zukunft zu erwarten hat.

Stimmt in Ihrem Fall nicht? Weil Sie plötzlich weinen müssen oder eine furchtbare Wut in sich spüren? Dann müssen Sie noch ein wenig genauer hingucken und es wagen, sich ehrlich ein paar Fragen zu stellen. Fragen, deren Antworten vielleicht schmerzen. Tun Sie es trotzdem, denn Selbstbetrug und Lebenslügen sind keine gute Basis für Ihre seelische und körperliche Gesundheit!

Hier nun die Fragen:

- Haben Sie, völlig unverbindlich natürlich, schon mal darüber nachgedacht, wie Ihr Leben ohne Ihren Partner aussehen würde?
- Spüren Sie so etwas wie Mitleid mit Ihrem Partner, wenn Sie an eine etwaige Trennung denken? Weil er ohne Sie wahrscheinlich gar nicht klarkommen würde?
- Haben Sie schon mal daran gedacht, dass sich Ihr Partner etwas antun könnte, wenn Sie ihn verlassen?
- Spielen Ihr Pflichtgefühl und Ihr Gewissen eine Rolle, wenn es darum geht, die Beziehung aufrechtzuerhalten?
- Ist Ihre Beziehung zwar nicht mehr so aufregend wie am Anfang, aber stattdessen herrlich bequem, weil man den Dingen ihren Lauf lassen kann?
- Haben Sie aufgehört, mit Ihrem Partner über die Beziehung oder Ihre tatsächlichen Erwartungen zu sprechen, weil das ja sowieso nichts bringt?
- Empfinden Sie gemeinsame Ferien oder Feiertage manchmal als anstrengender als die Alltage, an denen jeder seine eigenen Wege geht?
- Bilden sich bei gemeinsamen Unternehmungen mit anderen Pärchen meistens zwei Lager? Ein männliches und ein weibliches, damit mal in Ruhe über alles gesprochen werden kann?
- Würden Sie sagen, dass Sie und Ihr Partner pro Tag mindestens eine halbe Stunde lang wirklich miteinander kommunizieren?
- Hand aufs Herz: Glauben Sie, dass das, was Sie für Ihren Partner empfinden, (noch) Liebe ist?

Bleiben Sie noch eine Weile ruhig sitzen, nachdem Sie sich die oben stehenden Fragen beantwortet haben. Spüren Sie noch einmal nach. Wie geht es Ihnen? Was fühlen Sie? Wollen Sie eine Aussprache mit Ihrem Partner herbeiführen? Oder ihm diesen Fragenkatalog ebenfalls vorlegen?

Schlafen Sie erst einmal darüber! Und entscheiden Sie dann! Sie werden das Richtige tun!

Sie werden es bereits gemerkt haben: Das ehrliche Hingucken, wie es Ihnen in Ihrer Beziehung wirklich geht, ist seelische Schwerstarbeit, die Mut, Kraft, Durchhaltevermögen und unter Umständen eine gewisse Leidensbereitschaft verlangt. Vielleicht können oder wollen Sie diese Schwerstarbeit im Moment nicht leisten. Weil die Lebensumstände gerade schwierig genug sind. Weil Sie Ihre Kraft für etwas anderes brauchen. Oder weil Sie gar nicht die Zeit haben, in Ihren eigenen vier Wänden so etwas wie ein privates Selbstfindungsseminar abzuhalten. Auch gut! Muss ja auch nicht sein.

Sollten Sie jedoch an einem Schnellkurs in Sachen Love-Check interessiert, brauchen Sie sich nur die folgenden Listen einmal anzuschauen. Sie werden mit einem Blick erfassen, dass bei Ihnen – hoffentlich – alles in bester Ordnung ist, oder dass es sich lohnt, an Ihrer Beziehung zu arbeiten. Ehe der Liebeskummer seine Klauen nach Ihnen ausstreckt.

## Hier der Quick-Love-Check:

### *Die zehn größten Liebessünden des Mannes*

1. Er geht fremd.
2. Er hört nicht zu.
3. Er ist mit seinem Job verheiratet.
4. Er lässt sich – jedenfalls zu Hause – furchtbar gehen.
5. Er ist lieber und vor allem häufiger mit seinen Kumpels als mit seiner Partnerin zusammen.
6. Die Wochenenden gehören seinen Hobbys und dem Sport.
7. Der Sex ist zu einer lästigen Pflichtübung verkümmert.

8. Komplimente oder ein schlichtes »Ich liebe dich« kommen nicht mehr über seine Lippen.
9. Der Kavalier in ihm ist zum Rüpel verkümmert.
10. In Gesellschaft ist er zu jedem anderen Menschen netter und aufmerksamer als zu seiner eigenen Partnerin.

### *Die zehn größten Liebessünden der Frau*

1. Sie geht fremd.
2. Sie will kaum noch Sex.
3. Sie stellt ihren Partner in Gesellschaft bloß.
4. Sie lässt sich gehen.
5. Ihre Freundinnen oder die Kinder sind ihr wichtiger als der Partner.
6. Sie verbringt mehr Zeit am Telefon mit ihrer Mutter als mit dem Partner.
7. Sie hört nicht mehr zu.
8. Sie interessiert sich nicht mehr für seinen Job und/oder sein Auto.
9. Sie macht nicht mehr den Versuch, den Sex aufregend zu finden.
10. Sie nörgelt ständig an ihm herum.

### *So merken Sie, dass Ihr Partner Sie noch liebt*

Verabschieden Sie sich erst einmal von der Illusion, dass er Ihnen das schon sagen wird. Viele Männer tun sich schwer damit, ihre wahren Gefühle in Worte zu kleiden. Müssen sie auch nicht, weil Sie auch so erkennen können, was er für Sie empfindet. Lesen Sie unten stehende sichere Anzeichen dafür, dass alles im Lot ist.

1. Ihr Partner wirkt ausgeglichen und zufrieden.
2. Er singt unter der Dusche.

3. Es macht ihm Freude, seine Freunde zu sich und Ihnen einzuladen, weil er Sie gerne vorführt – und zwar im positiven Sinn.
4. Er versucht, wenigstens mit einem halben Ohr zuzuhören und an der richtigen Stelle einen Kommentar abzugeben.
5. Nach dem Sex, der immer noch schön ist, verschiebt er das Einschlafen um mehrere Minuten.
6. Er schaltet sich aktiv in die Freizeit- und Urlaubsplanung mit ein.
7. Er kommt freiwillig mit, wenn Sie Ihre Eltern besuchen wollen.
8. Er hat nichts dagegen, wenn Ihre Freundinnen Sie besuchen.
9. Er ist an manchen Wochenenden freiwillig und vergnügt zu Hause.
10. Er überrascht Sie immer noch – mit kleinen Aufmerksamkeiten …

### *So merken Sie, dass Ihre Partnerin Sie noch liebt*

Zugegeben, als Mann haben Sie da die besseren Karten. Weil der Frau liebevolle Lippenbekenntnisse nicht nur leicht fallen, sondern sogar ein Bedürfnis sind.

1. Sie sagt es Ihnen – meistens mindest einmal täglich.
2. Sie kauft sich vom eigenen Geld aufregende Dessous.
3. Sie hat nicht vergessen, dass Liebe durch den Magen geht.
4. Sie macht sich für Sie schön.
5. Sie zeigt sich gerne mit Ihnen und am liebsten vor Ihren – ungebundenen – Freundinnen.
6. Sie schafft es, mitten im Alltag ein Liebeswochenende zu arrangieren.
7. Sie ist und bleibt die geborene Verführerin.
8. Sie genießt den Sex jedes Mal – oder lässt Sie zumindest in diesem Glauben.

9. Sie lässt Sie in Gesellschaft nie so lange aus den Augen, dass Sie in aller Ruhe mit anderen flirten können.
10. Bei allen ihren Zukunftsplanungen sind Sie der Mittelpunkt.

### *So merken Sie, dass Ihr Partner sich trennen will*

Vergessen Sie die klassischen Indizien, die Ihnen in jeder Frauenzeitschrift und jeder drittklassigen TV-Romanze angeboten werden. Nicht nur Frauen lernen immer mehr dazu, sondern Männer auch. Die wissen inzwischen, dass sie Argwohn wecken, wenn sie plötzlich jeden Abend Überstunden machen. Erst gegen Mitternacht nach Hause kommen. Dann nach Alkohol, Nikotin oder – am allerschlimmsten – einem verführerischen Frauenparfüm duften. Sie wissen, dass »gute«, sprich: hellhörige Partnerinnen alles kontrollieren: nicht nur seine Jackentaschen. Seine Hotelrechnungen. Seinen Benzinverbrauch. Den Speicher seines Handys. Sondern auch – auf die subtile, weibliche, raffinierte Art – sein Gewicht. Seinen Verschleiß an Pflegemitteln und Duftwässerchen. Bis hin zu der Art, wie er schaut, wenn er sich unbeobachtet fühlt. (Was er natürlich nie mehr ist, wenn die Partnerin erst einmal Lunte gerochen hat.)

## Hier die Love-Check-Liste zu diesem Thema:

1. Er hört noch seltener zu als sonst.
2. Vor allem abends lässt seine Potenz zu wünschen übrig. (Morgens klappt es eher noch.)
3. Er hat plötzlich erkannt, wie wichtig es ist, dass Sie Ihre Hobbys mehr pflegen und sich einen eigenen Bekanntenkreis aufbauen. (So hofft er, sein schlechtes Gewissen zu beruhigen.)
4. Wenn er wirklich mal ein ganzes Wochenende zu Hause ist, verkriecht er sich in seinem Hobbyraum.
5. Er weicht immer aus, wenn Sie den nächsten gemeinsamen

Urlaub ansprechen, und kann sich angeblich terminlich noch nicht festlegen.

6. Seine Komplimente klingen plötzlich irgendwie wie Entschuldigungen.
7. Er hat sein morgendliches und/oder abendliches Joggen wieder aufgenommen.
8. Er geht zum Telefonieren auf den Balkon oder in den Garten, »weil es dort ruhiger ist«.
9. Beim gemeinsamen Essen kriegt er häufig kaum noch einen Bissen herunter, weil ihm sein schlechtes Gewissen den Hals zuschnürt.
10. Seine Grundstimmung ist gehetzt und nervös. Deshalb kann er auch nicht mehr gut schlafen.

### *So merken Sie, dass Ihre Partnerin sich trennen will*

Frauen reden gerne. Vor allem über Gefühle und die Güte ihrer Beziehung. Sie gehen nicht von heute auf morgen, wenn ihnen etwas nicht mehr passt, auch wenn es Ihnen als Mann so vorkommt. Aber das liegt an Ihnen, nicht an Ihrer Partnerin. Sie wird Ihnen schon oft und lange damit in den Ohren gelegen haben, dass sie so nicht mehr weiterleben kann. Dass Sie sich ändern müssen. Tun Sie es nicht, dürften Sie eines Tages folgende erste, aber deutliche Anzeichen dafür erkennen, dass eine Trennung ins Haus steht. Und zwar bald, denn Frauen fackeln nicht mehr lange, wenn sie den Kanal endgültig voll haben.

## Hier die Love-Check-Liste zu diesem Thema:

1. Sie wirkt müde und resigniert.
2. Die täglichen Nörgeleien sind vorwurfsvollem Schweigen gewichen.
3. Im Bett läuft nichts mehr.

4. Sie redet stundenlang mit ihren Freundinnen. Entweder am Telefon oder in der Kneipe. Aber auf jeden Fall ohne Sie.
5. Sie fängt an, gewisse Dinge zu sortieren, in Dein und Mein aufzuteilen, weil sie genau weiß, dass das Ihnen sowieso nicht auffällt.
6. Sie seufzt häufig und bildet sich ein, Sie würden das nicht mitkriegen.
7. Sie macht zwar noch das Nötigste im gemeinsamen Haushalt, aber mit einer gewissen Lieblosigkeit.
8. Gemeinsame Wochenendunternehmungen sagt sie ab, weil sie jetzt Besseres zu tun hat.
9. Sie verstaut Handy, Handtasche und andere persönliche Dinge plötzlich immer so, dass Sie nicht mehr darüber stolpern können.
10. Sie hat sich eine typisch männliche Eigenschaft zugelegt: Sie hört plötzlich nicht mehr zu.

# Hitliste fürs Herz

Sie haben gerade gelesen, auf welche untrüglichen Anzeichen Sie achten sollten, wenn Sie nicht eines Tages vor den Scherben Ihres Glücks stehen wollen. Unser Tipp: Warten Sie nicht ab, bis sich die Indizien dafür häufen, dass Ihr Partner (oder Ihre Partnerin) mit der Beziehung nicht mehr zufrieden ist. Schreiten Sie vorher ein, wenn Ihnen Ihre Liebe wichtig ist. Auch kleinere Krisen und gelegentlicher Zoff lassen sich wieder aus der Welt räumen, wenn Sie die nachfolgende Hitliste fürs Herz verinnerlichen und dabei gleichzeitig zu einer Männerversteherin bzw. einem Frauenversteher werden.

## *... damit Sie Ihre Partnerin nicht verlieren*

**Eine Frau** möchte, dass der Partner

- sich für sie Zeit nimmt.
- ihr Blumen bringt.
- sie spüren lässt, dass sie für ihn wichtig ist.
- schöne Abende für sie inszeniert, mit Opern-, Theater- oder Kinokarten.
- einen Tanzkurs mit ihr besucht.
- auch mal ein Wellness-Wochenende für zwei bucht.
- sie vor ihren besten Freundinnen zärtlich in den Arm nimmt.
- einen Gutschein für eine Partnermassage auftreibt.
- sie beim Anziehen berät und dabei ihre gute Figur lobt.
- Sie besonders zärtlich verführt – mit Kerzenschein, Kuschelrock und allem Drum und Dran.
- auch mal eine Überraschungsparty hinkriegt.
- sie spüren lässt, dass er stolz auf sie ist.

**Ein Mann** möchte, dass die Partnerin

- ihm vermittelt, dass sie ihn braucht und dass er der Größte ist.
- öfter mal mit ihm zum Fußball oder zum Eishockey geht.
- mit ihm Formel 1 guckt.
- ihn anhimmelt, wenn seine Freunde zu Besuch sind.
- ihn ohne feste Sperrstunde in die Kneipe gehen lässt.
- seinen Hobbyraum bewundert, aber ihn nicht unaufgefordert aufräumt.
- sich für seine Arbeit, sein Auto und seine Hobbys interessiert.
- ihm Abende mit seinen Freunden gönnt und ihm notfalls dafür auch mal die Wohnung überlässt.
- auch mal ganze Tage mit ihm im Bett verbringt und ihn klassisch verführt.
- mit ihm seine Lieblingsvideos guckt.
- seine Potenz für unerschütterlich hält.
- nur für ihn da ist.

## Die hohe Kunst des konstruktiven Streitens

Ist Ihnen schon einmal aufgefallen, dass Paare, die schon längere Zeit in einer harmonischen Beziehung leben, oft den Satz gebrauchen: »Natürlich fliegen bei uns die Fetzen!«? Paare dagegen, deren Liebe auf wenig soliden Füßen steht, betonen gerne: »Wir verstehen uns super und ergänzen uns prima.«

Ein Widerspruch? Ganz im Gegenteil! Zwei Menschen, die regelmäßig und mitunter auch heftig miteinander streiten, haben die besten Aussichten, sich nicht nur ihre Liebe, sondern auch ihren gegenseitigen Respekt, ihr Selbstwertgefühl und ihr seelisches Wohlbefinden zu erhalten.

Warum ist das so?

Zunächst einmal: Es gibt keine wie auch immer geartete zwischenmenschliche Beziehung, die auf Dauer ohne Meinungsverschiedenheiten, Konflikte und unterschiedliche Interessen oder Vorlieben auskommt. Handelt es sich bei dieser Beziehung um eine partnerschaftliche Liebe, treffen zwei Bedingungen aufeinander, die aus dem Streitpotenzial eine hochexplosive Mischung machen können.

Bedingung 1: Vor allem Frischverliebte erwarten fatalerweise von sich selbst und dem Partner in allen Bereichen Verständnis, Übereinstimmung und Harmonie.

Bedingung 2: Stellt sich statt der erwarteten Harmonie ein handfester Konflikt ein, sind – zumindest im ersten Schreck – die Gefühle verletzt, so dass mehr das Herz als das Hirn reagiert.

Und schon sind wir bei einer ganz besonderen Form des Liebeskummers, der vor allem bei noch jungen Partnerschaften leicht zu einer Trennung führen kann. Und das alles nur, weil niemand den beiden Beteiligten beigebracht hat, wie man konstruktiv, tolerant und erfolgreich streitet, ohne dadurch die Beziehung zu gefährden.

Viel einfacher scheint das gängige Muster, Konflikte einfach auszusitzen, bis sich einer der beiden wieder »eingekriegt« hat. Oder das Ganze unter den Teppich zu kehren, als wäre alles in bester Ordnung. Oder – und das ist vor allem aus männlicher Sicht vermeintlich sehr wirkungsvoll – durch heißen Sex den Anschein wiedergewonnener Harmonie zu erwecken. Für einen kurzen Moment mag das sogar wunderbar funktionieren. Eine Dauerlösung ist körperliche Leidenschaft als Ersatz für klärende Aussprachen allerdings nicht.

Wer seine Beziehung wirklich erhalten möchte, kommt um die hohe Kunst des Streitens nicht herum. Zum Glück ist der Weg zu einer *toleranten Streitkultur* weder unüberschaubar lang noch besonders steinig. Er erfordert lediglich, dass Sie einen Moment innehalten, nachspüren, wie der letzte Zoff mit Ihrem Liebsten verlaufen ist, und anschließend in aller Ruhe den Stufenplan zu einem besseren Konfliktverhalten durchlesen.

Stufe 1: Wenn ein Konflikt vorliegt, entstehen partnerschaftliche Spannungen. Die erzeugen Verlustängste und verunsichern ungemein. Am liebsten möchte man sie daher vor lauter Harmoniesucht entweder ignorieren oder durch übermäßige Anpassung aus der Welt räumen. Nach dem Motto: »Hauptsache, der Partner ist mir wieder gut.«

Stufe 2: Machen Sie sich bewusst, dass übertriebene Harmoniesucht auf Dauer jede Beziehung killt, weil ein Ungleichgewicht entsteht. Einer der beiden gibt immer mehr nach, der andere weitet seine Vorrechte immer mehr aus. Das muss eines Tages eskalieren. Weil ein Partner mit dem Rücken zur Wand steht und dadurch keinen Handlungsfreiraum mehr hat. Und der andere keine Grenzen und keinen Widerstand mehr spürt. Letzteres erzeugt nicht etwa ein Gefühl der Dankbarkeit, sondern der Orientierungslosigkeit.

Stufe 3: Nehmen Sie den Verlauf des nächsten Streites einmal bewusst zur Kenntnis. Wie fängt das Ganze an? Wann gerät es außer Kontrolle? Wie schnell werden aus einseitigen Schuldzuweisungen handfeste Beleidigungen?

Stufe 4: Beobachten Sie nun Ihre Gefühle. Was empfinden Sie? Verzweiflung? Liebeskummer? Wut? Rachegelüste? Resignation? Minderwertigkeitskomplexe? Oder eine positive Energie? Ja, Sie haben richtig gelesen: Streit erzeugt Spannung. Das sagten wir schon. Aber es muss sich dabei nicht um eine destruktive Energie handeln, sondern es kann durchaus auch eine kreative, aufbauende sein.

Stufe 5: Machen Sie sich klar, dass Sie und Ihr Partner im Moment unterschiedliche Standpunkte haben. Versuchen Sie, diesen anderen Standpunkt ohne Einteilung in richtig oder falsch zur Kenntnis zu nehmen. Und vor allem: Reden Sie sich nicht ein, Ihre Liebe sei in Gefahr, nur weil Sie und Ihr Schatz in einem oder mehreren Punkten nicht übereinstimmen.

Stufe 6: Bleiben Sie ausschließlich bei dem augenblicklichen Streitthema. Vermeiden Sie jedes Erinnern an andere Auseinandersetzungen, bei denen Ihr Partner Ihrer Meinung nach bereits den gleichen oder einen ähnlichen »Fehler« gemacht hat. Hören

Sie ihm einfach zu! Ohne zu unterbrechen! Wenn Sie seinen Standpunkt begriffen haben, geht es Ihnen schon besser.

Stufe 7: Machen Sie nun nicht den Fehler zu glauben, Sie müssten den Standpunkt Ihres Partners übernehmen. Das müssen Sie nicht! Es reicht, wenn Sie ihm Ihren eigenen in aller Ruhe entgegensetzen. Zwei Meinungen sind kein Drama, sondern eine positive Chance, einen gemeinsamen Mittelweg zu finden. Oder auch nicht. Unterschiedliche Ansichten dürfen bestehen bleiben. Sie bilden keine Gefahr für die Beziehung, solange sie vorurteilsfrei erörtert werden.

Stufe 8: Machen Sie sich und Ihrem Partner bewusst, dass viele Konflikte nur auf unterschiedlichen Wahrnehmungen beruhen. Wahrnehmungen, die jeweils ihre eigene Gültigkeit haben. Es geht nicht ums Gewinnen oder Verlieren, ums Rechthaben-Müssen, sondern nur um eine Mediation, eine für beide lebbare Vermittlung.

Stufe 9: Versuchen Sie, zwischen Konflikten und Missverständnissen zu unterscheiden. Missverständnisse lassen sich leicht aufklären, wenn beide Seiten ihre Wahrnehmungen darlegen und dem anderen vorurteilsfrei zuhören.

Stufe 10: Machen Sie sich klar, dass Sie weder Ihr Gesicht noch die Liebe des Partners verlieren, wenn Sie einen Fehler, der Ihnen unterlaufen ist, offen zugeben. Sie beweisen damit soziale Kompetenz, Souveränität und Eigenverantwortlichkeit – Charaktereigenschaften, die Sie zur Gewinnerin stempeln.

Und noch etwas: Streiten will nicht nur gelernt sein, sondern erfordert auch Zeit und gewisse Regeln. Zwischen Tür und Angel lässt sich kein Konflikt austragen. Gestatten Sie sich die nötige Muße, um unterschiedliche Wahrnehmungen und Vorstellungen zur Kenntnis zu nehmen. Setzen Sie sich dazu möglichst einander gegenüber. Achten Sie darauf, dass Sie für die nächste Viertelstunde ungestört sind. Schalten Sie also vorher nicht nur den Fernseher oder das Radio, sondern auch das Handy aus. Sehen Sie nun einander in die Augen. Machen Sie sich, ehe Sie mit der Debatte beginnen, noch einmal klar, dass Sie Ihr Gegenüber

## SOS auf einen Blick: Soforthilfe bei Liebeskummer – wenn es Sie erwischt hat

1. Nehmen Sie sich Zeit zum Trauern! Sie dürfen weinen und durchhängen.
2. Seien Sie lieb zu sich selbst! Verwöhnen Sie sich nach Strich und Faden!
3. Seien Sie nicht so streng mit sich selbst! Lassen Sie ruhig mal fünfe gerade sein.
4. Vermeiden Sie Schuldzuweisungen, und streifen Sie die Opferrolle ab!
5. Erspüren Sie, was Ihr Körper jetzt braucht! Notfalls müssen Sie zum Arzt Ihres Vertrauens.
6. Kapseln Sie sich nicht ab! Vertrauen Sie sich lieben Menschen an – im Notfall einem Profi, Coach, Psychiater oder Therapeuten.
7. Schreiben Sie Ihre Gefühle auf. Führen Sie ein Tagebuch. Aber schicken Sie Ihre Briefe an den Ex niemals ab!
8. Lenken Sie sich ab! Tanzen, Yoga, Sport, Malkurs, Töpfern oder gemeinsames Entspannen im Club oder auf einem Schiff wirken Wunder.
9. Schauen Sie nach vorn! Drehen Sie sich nicht um! Jetzt zählen nur die Gegenwart und die Zukunft.
10. Stöbern Sie ruhig mal in einem Esoterikladen, oder lassen Sie sich die Karten legen. Alles, was heilt, hat Recht.
11. Geben Sie nicht vor, schon einen neuen Partner zu haben. Das haben Sie nicht nötig, und das ist auch nicht authentisch.
12. Verändern Sie Ihr Umfeld! Machen Sie es sich schön! Denken Sie jetzt nur an sich!

## Soforthilfe bei Liebeskummer – wenn es Ihre Freunde erwischt hat

1. Vermeiden Sie Floskeln wie »Kopf hoch!« – »Es wird schon wieder.« – »Die Zeit heilt alle Wunden!« – »Stell dich nicht so an!«
2. Zeigen Sie Geduld – auch wenn Sie die Trennungsgeschichte zum hundertsten Mal hören!
3. Nehmen Sie den Kummer des Betroffenen bitte ernst! Für ihn bricht gerade die Welt zusammen.
4. Geben Sie wertfreie Ratschläge – auch wenn Sie dazu mitunter über Ihren eigenen Schatten springen müssen!
5. Lenken Sie den Betroffenen behutsam ab – ohne ihn zu bevormunden!
6. Erzählen Sie Ihre eigene Leidensgeschichte – das schafft Vertrauen!
7. Machen Sie den Ex nicht schlecht, auch wenn Sie noch so große Lust dazu haben!
8. Spielen Sie nicht Schicksal, indem Sie »zufällige« Begegnungen arrangieren!
9. Packen Sie den Leidenden nicht zu sehr in Watte – sonst fühlt er sich entmündigt!
10. Fragen Sie jeden Tag aufs Neue, womit Sie wirklich helfen können, denn Liebeskummer-Kranke sind unberechenbar!
11. Kümmern Sie sich um den Betroffenen, auch wenn es Ihnen manchmal schwer fällt!
12. Schieben Sie Ihre eigenen Bedürfnisse für eine Weile in die zweite Reihe!

lieben. Und bemühen Sie sich schließlich, so genannte Ich-Aussagen nicht negativ, sondern positiv zu formulieren. Das heißt im Klartext: Sagen Sie nicht: »Ich denke nicht daran, ...« oder »Ich mache es nicht länger mit, dass ...«, sondern stattdessen: »Ich meine«, »Ich hoffe« oder »Ich wünsche«.

Sie werden sehen, dass ein solches Streitgespräch nicht nur die Wogen glättet und beide Seiten befreit, sondern der Liebe einen neuen, wunderbaren Kick gibt.

## Die hohe Kunst der Versöhnung

*»Der Liebe Wunden kann nur heilen, wer sie schlug«*
*Chinesisches Sprichwort*

Ob Sie sich mit Ihrem ehemaligen Partner wieder versöhnen oder nicht – das können nur Sie selbst entscheiden. Und das hängt erheblich davon ab, was zu dem Schmerz geführt hat. Ihre ganz privaten Empfindungen sind der wichtigste Gradmesser dafür, ob ein Verzeihen und ein Neubeginn möglich sind.

Wichtig vor allem: Setzen Sie sich nicht selbst unter Druck. Und lassen Sie es auch nicht zu, dass die Ratschläge anderer Sie verunsichern. Nur ein Mensch, den Sie lieben, hat die Macht über Ihre Gefühle und kann Sie daher zutiefst verletzen und enttäuschen.

Holen Sie sich diese Macht über Ihre Gefühle zurück! Nur Sie und Ihr Herz sollten beurteilen, ob Sie verzeihen möchten und eine Versöhnung anstreben, oder ob der Stachel zu tief sitzt.

Und auch da gilt: Nehmen Sie sich Zeit! Ihre Gefühle können und dürfen sich verändern. Aus einer unversöhnlichen Haltung kann eines Tages doch wieder die Bereitschaft wachsen, erneut auf den anderen zuzugehen und noch einmal einen gemeinsamen Anfang zu versuchen.

Versöhnen heißt auch immer, sich mit sich selbst, mit seinen eigenen Fehlern und Unzulänglichkeiten auszusöhnen. Es bedeutet, sich von dem oft anerzogenen Perfektionismus zu entfernen und zu Irrtümern und Schwächen zu stehen. Erst wenn Sie zu sich selbst »Ja« sagen können, sind Sie in der Lage, dem Partner ein zweites Mal die Hand zu reichen.

Das folgende Fallbeispiel zeigt in ganz besonderer Weise, dass eine große Liebe auf Dauer stärker sein kann als Unreife, Untreue und Leid. Es belegt darüber hinaus nicht nur, wie langwierig der Prozess der Versöhnung sein kann, sondern auch, wie sehr es sich lohnen kann, um sein Glück zu kämpfen.

Mit 16 und 22 begegneten sich *Gabriele* und *Richard* zum ersten Mal und entdeckten ihre gegenseitige Liebe. Fünfzehn Monate lang führten sie eine nicht immer einfache Fernbeziehung. Schon deshalb, weil Richard als junger Soldat natürlich in einer Kaserne mit Einzelbett untergebracht war und ohnehin keinen Damenbesuch haben durfte. Gabriele wohnte noch bei ihren Eltern. Die erste Trennung kam, als Richard ohne Angabe von Gründen nach Australien und Gabriele daraufhin als Au-pair-Mädchen nach Neuseeland ging. Allerdings ließ Richard den Kontakt nie ganz abbrechen.

Vier Jahre später trafen die beiden erneut aufeinander und beschlossen, sofort zusammenzuziehen, weil Gabriele nicht länger bei ihren Eltern leben wollte. Die Erwartungen, die an dieses Zusammenleben gestellt wurden, waren allerdings völlig unterschiedlich. Während Gabriele darin eine feste Beziehung sah, nahm Richard das Ganze als eine schöne und vor allem bequeme Wohngemeinschaft wahr, die ihn nicht hinderte, seine Blicke weiter schweifen zu lassen.

Und er wurde fündig: Nach knapp zwei Jahren begegnete »Sie« ihm: »Klein, zart und blond«, wie Gabriele ihre Nachfolgerin noch heute beschreibt, von der sie ein langes, blondes Haar auf der Lederhose ihres Geliebten gefunden hatte. Erneut trennten sich ihre Wege.

Gabriele war ein ganzes Jahr in Trauer und todunglücklich. Dennoch machte sie gleichzeitig Karriere. Richard heiratete »Zart und blond« und wurde Vater von zwei Kindern. Zwölf

Jahre später jedoch, als seine Ehe bereits zerrüttet war, nahm er per Fax erneut Kontakt zu seiner ersten, großen Liebe auf. Wenig später kam es zu einer weiteren Begegnung, bei der es über ein harmloses Küsschen allerdings nicht hinausging.

Gabriele heute: »Damals konnte ich Richard wertfrei gegenübertreten. Meine Trauer war abgeschlossen. Ich sah zunächst in ihm nur einen guten Freund.«

Aber Richard baggerte weiter. Ein drittes Mal wollte er seine große Liebe nicht verlieren. Gabriele hielt sich zwei Monate lang bedeckt. »Ich habe harte Kämpfe mit mir ausgefochten, ob ich es noch einmal versuchen sollte. Aber dann hat mein Herz gesiegt«, gesteht sie heute.

Drei Jahre später standen Richard und Gabriele gemeinsam vor dem Traualtar. Das ist heute vier Jahre her. Beide wissen, dass es sich gelohnt hat, um ihre Liebe zu kämpfen und einen Neuanfang zu wagen. Wenn es jetzt in der Beziehung kriselt, rufen Sie Silvia, ihre »Frau Dr. Love« an, um sich Rat zu holen.

Dazu Gabriele: »Das Schlimme ist nur, dass man mit meinem Mann nicht richtig streiten kann! Ich fange an zu toben, und er wird immer stiller. Aber da wir uns inzwischen so gut kennen, lässt er mich toben, und ich lasse ihn schweigen. Wir gehen uns einfach eine Weile aus dem Weg. Bis die Luft wieder rein ist. Wie man sich danach erfolgreich versöhnt, haben wir ja oft genug erprobt.«

## 12 Tipps, damit die Versöhnung auch wirklich anhält

Sich nach einem heftigen Streit wieder zu versöhnen, das haben wir gerade gesehen, ist eine hohe, aber lohnende Kunst. Nichts ist schöner, als sich nach dem seelischen Kraftakt des Verzeihens wieder in den Armen zu liegen und die wiedergewonnene Harmonie zu spüren und gebührend zu feiern. – Aber Vorsicht! Manche Missverständnisse, die zu dem großen Crash geführt haben, schleichen sich zusammen mit dem Beziehungsalltag klammheimlich und erschreckend schnell wieder ein, wenn Sie dieser Gefahr nicht energisch einen Riegel vorschieben. Machen Sie sich klar, wie sehr Sie gelitten haben, als es zwischen Ihnen und Ihrem Partner nicht mehr gestimmt hat. Und entwickelt Sie aus dieser Erfahrung heraus die Bereitschaft, den Anfängen zu wehren und die nachfolgenden Tipps zu beachten, um nicht schon bald wieder auf einem Scherbenhaufen zu sitzen.

1. Fangen Sie nach dem Streit gemeinsam bei Null wieder an.
2. Lassen Sie das Streitthema endgültig ruhen.
3. Klären Sie neue Missverständnisse mit dem Partner sofort.
4. Bauen Sie mehr gegenseitiges Vertrauen auf.
5. Entwickeln Sie mehr gegenseitiges Verständnis.
6. Lassen Sie gemeinsam öfter mal fünfe gerade sein.
7. Gestehen Sie sich gegenseitig mehr Freiräume zu, und definieren Sie diese unmissverständlich.
8. Reservieren Sie zweimal pro Woche einen Abend für partnerschaftliche Gespräche und intime Wünsche.
9. Gehen Sie am Wochenende möglichst nicht ins Büro.
10. Begehen Sie Weihnachten und andere Feiertage möglichst ohne Verwandtschaft.
11. Entwickeln und pflegen Sie gemeinsame Hobbys und Aktivitäten.
12. Telefonieren Sie nicht ständig, sondern führen Sie im Schlafzimmer, im Wohnzimmer und bei Tisch eine handyfreie Zone ein.

    Und noch was: Sagen Sie sich gegenseitig mindestens einmal pro Tag: *»Ich liebe dich!«*

## Testen Sie sich selbst: Haben Sie das Schlimmste hinter sich?

Liebeskummer entlässt Sie nicht schlagartig aus seinen Klauen. Es gibt keinen Tag X, an dem Sie plötzlich sicher sein können, den Alptraum ausgestanden zu haben. Ähnlich wie sich eine körperliche Genesung in kleinen Schritten vollzieht und mit gelegentlichen Rückfällen gespickt sein kann, verabschiedet sich der Schmerz um einen geliebten Menschen auf leisen Sohlen. Sie werden später nicht mit Bestimmtheit sagen können, ab wann es Ihnen wirklich besser gegangen ist. Aber Sie können testen, wie weit Ihre seelische Gesundung bereits vorangeschritten ist.

Lesen Sie sich dazu den nachfolgenden Fragenkatalog sorgfältig durch. Sie brauchen keine Kreuzchen zu machen, müssen nicht mit Ja oder Nein antworten oder sich selbst mit Noten oder Punkten bewerten. Nur hinspüren müssen Sie. Bei jeder Frage aufs Neue. Und ehrlich mit sich sein. Wenn Sie das tun, wissen Sie hinterher, wo Sie stehen. Je befreiter Sie durchatmen können, desto länger ist bereits das Stück Weg, das Sie in Richtung Verarbeitung zurückgelegt haben.

Und noch was: Lassen Sie sich nicht entmutigen, wenn Ihre Gemütslage noch nicht ganz den Erwartungen entspricht, die Sie beim ersten Durchlesen der Fragen an sich selbst gestellt haben. Macht nichts! Legen Sie das Buch für eine Weile beiseite. Vier bis sechs Wochen vielleicht. Und probieren Sie das Ganze dann noch einmal. Sie werden überrascht sein, wie gut Sie dieses Mal abschneiden. Ihre Seele hat nämlich heimlich weitergearbeitet. Und Ihr Unterbewusstsein auch. Wahrscheinlich haben Sie das bereits an Ihren Träumen gemerkt, die sich allmählich verändert haben. Oder auch nur daran, dass Ihnen der nachfolgende Test jetzt viel mehr Spaß macht.

Hier ist er.

1. Hat die Nacht ihren Schrecken verloren? Gehen Sie ohne Angst ins Bett? Und können Sie wieder einigermaßen gut schlafen? Dazu gehört auch: Wachen Sie erfrischt und unternehmungslustig auf? Und stehen gleich auf, weil Sie so viel vorhaben?
2. Haben Sie Ihr normales Gewicht wieder? Können Sie wieder

ohne Magenschmerzen essen? Oder: Ist es Ihnen möglich, eine Tafel Schokolade zu kaufen und nur einen Riegel davon in den Mund zu schieben?

3. Können Sie – alleine oder in Gesellschaft – wieder ein Glas Wein genießen, ohne gleich die ganze Flasche trinken zu müssen?
4. Fühlen Sie sich – auch alleine – in Ihrer Wohnung wieder wohl? Macht es Ihnen Freude, Ihr Zuhause hübsch zu gestalten und beispielsweise mit Blumen zu schmücken?
5. Können Sie – alleine im Kino oder vor dem Fernseher – schon wieder herzhaft lachen oder aber einen sentimentalen Film sehen, ohne herzzerreißend zu weinen?
6. Verspüren Sie immer öfter richtige Lebensfreude?
7. Fühlen Sie sich – wenigstens hin und wieder – kuschelig und wohl, wenn Sie am Sonntagmorgen alleine aufwachen und viel Zeit für sich haben?
8. Machen Sie sich immer öfter wieder ein schönes Frühstück mit frischen Brötchen, selbst gemachter Marmelade und Ihrer oder sogar »seiner« Lieblingsmusik?
9. Können Sie schon wieder alleine spazieren gehen ohne sich mutterseelenallein und einsam zu fühlen?
10. Können Sie jene Plätze wieder aufsuchen, an denen Sie immer mit ihm waren, ohne schrecklich traurig zu werden?
11. Schaffen Sie es, alleine Urlaub zu machen, ohne zu verzweifeln?
12. Sind Sie am Urlaubsort schon wieder offen für neue Kontakte?
13. Können Sie Einladungen zu Freunden annehmen, auch wenn Sie ganz genau wissen, dass der Ex auch da sein wird? Vielleicht sogar mit seiner Neuen?
14. Reden Sie mit Ihren Freunden und Verwandten schon wieder über andere Dinge als den Ex und die Umstände der Trennung?
15. Haben Sie sich kürzlich neue Klamotten gekauft? Einfach so? Ohne Anlass? Oder eine neue Frisur ausprobiert, obwohl

Sie gar nicht aus dem Haus wollten? Und haben Sie sich dabei ganz gut gefallen?

16. Denken Sie nur noch gelegentlich an Ihren ehemaligen Partner? Oder noch immer 24 Stunden am Tag?
17. Haben Sie die Warteschleife verlassen, weil Sie endgültig kapiert haben, dass er weder anrufen noch zurückkommen wird?
18. Sind Sie bereits hin und wieder dankbar für die schönen Zeiten, die Sie mit dem Ex hatten? Oder überwiegt noch immer der Groll?
19. Haben Sie in letzter Zeit schon mal festgestellt, dass auch andere Mütter tolle Söhne/tolle Töchter haben?
20. Konnten Sie sogar schon wieder mit einem/einer von ihnen ein bisschen flirten?

Ja? – Prima! Sie können verdammt stolz auf sich sein!

Wenn Sie die meisten Fragen positiv beantworten konnten, liegt der schlimmste Liebeskummer tatsächlich hinter Ihnen. Wunderbar! Herzlichen Glückwunsch! Atmen Sie tief durch. Kaufen Sie sich Blumen. Klopfen Sie sich auf die eigene Schulter, und tragen Sie den Kopf getrost hoch. Sie sind wieder frei! Ihre Seele hat ihre Trauerarbeit abgeschlossen und sich so weit erholt, dass sie auf eine etwaige neue Liebe nicht gleich wieder mit Panik oder Angst reagieren würde.

Und dennoch: Warten Sie noch ein Weilchen! Wenigstens noch ein paar Monate, ehe Sie sich wieder aktiv auf die Pirsch begeben und versuchen, einen neuen Partner oder eine neue Partnerin zu finden. Genießen Sie erst einmal dieses herrliche Gefühl, dass Sie auch alleine vollständig und wertvoll, überlebens- und sogar genussfähig sind! Gehen Sie pfleglich mit Ihrem neuen, selbstständigen Ich um. Hätscheln und bewundern Sie es, bis sich die Überzeugung, dass Sie eine wunderbare Frau beziehungsweise ein toller Mann sind, in Ihrem Herzen fest verankert hat.

Erst wenn Sie nach dem Verlust eines geliebten Menschen

wieder Achtung vor sich selbst haben und eine gesunde Portion Eigenliebe entwickeln konnten, wird das Glück zu Ihnen zurückkommen. Mehr noch: Erst dann haben Sie wirklich die Chance, dieses Glück dauerhaft festzuhalten, denn sie begegnen ihm nicht mehr angstbesetzt und zweifelnd, sondern selbstbewusst und strahlend. Und diesen Tugenden konnte sich die Liebe noch nie verschließen…

## Schlussworte

*Das Leben lohnt nicht ohne Liebe* – sagt der Volksmund.

Wer die Liebe erleben durfte, weiß, dass sie unser höchstes Gut ist und alle unsere Emotionen und Gefühle verändert. Sie macht uns glücklich, frei und zufrieden. Das Leben ist plötzlich leicht und wunderbar.

Dieses Glück kippt, wenn die Liebe uns verlässt. Wir geraten aus dem Gleichgewicht. Alles ist grauenvoll und traurig. Wir sind voller Unglück und dem Abgrund so nah. Wie toll wäre nun ein Patentrezept, um den Schmerz zu stillen und das Brennen zu löschen. Aber leider kann auch ich dieses Rezept nicht aus der Tasche zaubern.

Der häufigste Satz meiner Klienten lautet: »Bitte machen Sie, dass ›es‹ einfach aufhört!« Aber: Das Einzige, was nun zählt, sind Geduld und Zeit.

Am Anfang ist es für jeden von uns unvorstellbar, dass dieses Leiden je nachlässt. Aber glauben Sie mir – der Tag der Heilung wird kommen! Sie werden wieder frei sein vom Herzbrennen. Stück für Stück. Zentimeter für Zentimeter.

All dies weiß ich auch aus eigener Erfahrung, denn ich habe das Trauma, die Verletzung, die Verzweiflung und die Depression selbst durchlitten.

Mit diesem Buch möchte ich für Sie in Ihren traurigsten Stunden eine Wegbegleiterin, Ratgeberin und Trösterin sein.

Es gibt die große Liebe. Aber erst, wenn Sie sich selbst wieder lieben können, kommen die Liebe und das Glück zu Ihnen zurück.

Geben Sie sich bitte nicht auf!

Es gibt nicht nur die eine Liebe. Das Schicksal hält für uns viele wunderbare Begegnungen im bunten Blumenstrauß des Lebens parat.

Von ganzem Herzen wünsche ich Ihnen »Gute Besserung«.

Herzlichst

*Silvia Fauck*

Kann ein Ratgeber über Trennung und Verzweiflung ein Buch über die Liebe werden? Im ersten Moment hielt ich das für ausgeschlossen, im zweiten für möglich, im dritten für zwingend notwendig.

Hätte die Liebe nicht diesen einzigartigen und zentralen Stellenwert in unserem Leben, würde sie uns nicht so zusetzen, wenn sie uns verlässt. Das Ausmaß der Trauer zeigt aber auch: Um nichts lohnt es sich mehr zu kämpfen als um dieses Gefühl der Zusammengehörigkeit und partnerschaftlichen Geborgenheit.

*Nicht die Zeit, sondern vielmehr die Liebe heilt auf Dauer alle Wunden.*

Auch Ihre! Glauben Sie mir! Und nicht nur das: Sie durchschreiten das Tal der Tränen nicht umsonst. Wenn der schlimmste Kummer hinter Ihnen liegt, werden Sie reifer, wacher und achtsamer sein. Sie werden sich der nächsten Liebe in Ihrem Leben mit mehr Behutsamkeit, aber auch mit mehr Erfahrung nähern, weil Sie jetzt wissen, wie zerbrechlich das Glück sein kann.

Für Ihren weiteren Lebensweg wünsche ich Ihnen von ganzem Herzen eine stabile und harmonische Beziehung, in der kein Raum ist für Angst, Misstrauen oder Eifersucht. Eine Beziehung, die getragen ist von tiefem Vertrauen, gegenseitiger Achtung und nie endender Liebe.

(Ver-)Zweifeln Sie nicht: *Alles wird wieder gut!*

Herzlichst

*Helga Felbinger*

# Anhang

## Quellen


*1* *Senger, Gerti:* »Liebeskummer – Eine Chance«, München 2000
2 Internetadressen für Teenies und Erwachsene
www.liebesschmerz.de
www.trennungsschmerzen.de
www.liebeskummer.ch
www.eifersucht.ch
www.telefonseelsorge.de
www.kummernetz.de
www.profamilia.de – »Liebeskummer« anklicken
**Homepage von Silvia Fauck:**
**www.Liebeskummer-Praxis.de**
Kummernummer für Jugendliche: 0800/1110333 (bundesweit kostenlos)
3 *Becker, Kerstin,* DIE WELT, *19. Januar 2005*
*4* *»Riza Psicosomatica«*
*5* *Verres, Rolf*: »Was uns gesund macht«, Freiburg 2005
6 www.liebeskummer-versicherung.de
Heartache-Insurance@tillhaupt.de
7 *Berend Breitenstein* ist Ernährungswissenschaftler und betreibt aktiv eine Form des Muskelaufbautrainings, das auf Dopingsubstanzen wie Anabolika, Wachstumshormone und chemische Entwässerungsmittel verzichtet. Er hat zu diesem Thema zwölf Fachbücher geschrieben, die im Rowohlt Verlag veröffentlicht wurden. 2003 gründete er die GNBF e.V. (German Natural Bodybuilding and Fitness Federation), die sich für die Verbreitung des gesunden und natürlichen Bodybuildings in Deutschland einsetzt. Berend Breitenstein arbeitet als Personal Coach für Fitness und Figur in Hamburg. Mehr Infos unter: www.berend-breitenstein.de
8 HAMBURGER ABENDBLATT, 8.10.2005
9 www.parship.de
www.parship.at
www.parship.ch
www.singlesboersen-vergleich.de
www.friendscout.de
www.liebe123.de
10 dpa, BADISCHE ZEITUNG, Januar 2006, Freiburg
11 FREUNDIN, im November 2005

## Literatur

Bernstein, A.C.: »Die Patschworkfamilie«, Stuttgart 1990
Brost, Hauke: »Wie Männer ticken«, Berlin 2005
Kast, Verena: »Wenn wir uns versöhnen«, Stuttgart, 2005
Koller, Christine: »Liebe auf Distanz«, München 2005
Nuber, Ursula: »Was Paare wissen müssen«, München 2005
Pease, Allan & Barbara: »Warum Männer nicht zuhören und Frauen schlecht einparken«, München 2002
Petri, Horst: »Verlassen und Verlassen werden«, Stuttgart, 2005
Schellenbaum, Peter: »Das Nein in der Liebe«, Zürich 1989
Schwanitz, Dietrich: »Männer. Eine Spezies wird besichtigt«, Frankfurt am Main, 2001
Wolf, Doris: »Wenn der Partner geht«, Mannheim 2005

## Buchempfehlungen

Bauer, Angeline: »Liebeskummer«, Die besten Rezepte, um wieder lachen zu können. München 2005
Breitenstein, Berend / Armin Rossmeier: »Die Kraftküche«, Reinbek 2000
Celma, Alex Rovira: »Die Fortuna Formel«, München 2004
Greenwald, Rachel: »Männerbeschaffungsmarketing«, München 2004
Lassen, Arthur: »Heute ist mein bester Tag«, Bruchköbel 2000
Pramann / Sterzenbach: »365 Tage fit«, München 2004
Rusch, Cornelia: »Die kleine Liebeskiste – Erste Hilfe bei Herzweh«, Stuttgart 2006
Stark, Michael / Sandmeyer, Peter: »Wenn die Seele S.O.S. funkt«, Reinbek 1999
Willi, Jürg: »Was hält Paare zusammen«, Reinbek 1991

Bibliografische Information der Deutschen Bibliothek
Die Deutsche Bibliothek verzeichnet diese Publikation in der Deutschen Nationalbibliografie; detaillierte bibliografische Daten sind im Internet über http://dnb.ddb.de abrufbar


Postfach 80 06 69, 70506 Stuttgart

www.kreuzverlag.de


Umschlagbild und -gestaltung: P.S. Petry & Schwamb, Agentur für Marketing und Verlagsdienstleistungen, Freiburg
Satz: de·te·pe, Aalen
Druck: Clausen & Bosse, Leck

ISBN 978-3-7831-2781-2